KB213335

문화와
역사를
담 다
0 3 0

최 협 崔協

서울대학교 문리과대학 고고인류학과를 졸업하고, 미국 신시내티대학에서 인류학 석사, 켄터키대학에서 인류학 박사학위를 받았다. 전남대학교 인류학과 교수로 재직했으며, 하버드 - 옌칭연구소 방문학자, 스미스소니언연구소와 버클리소재 캘리포니아대학에서 풀브라이트 선임연구원을 역임했다. 한국문화인류학회 회장, 대통령자문 21세기위원회 위원, 아시아문화중심도시 조성위원회 위원장으로 활동했다. 주요 저서로는 『부시맨과 레비스트로스』, 『다민족사회, 소수민족, 코리안 아메리칸』, 『판자촌 일기』, 『호남사회의 이해』(공저), 『Representing the Cultural Other : Japanese Anthropological Works on Korea』(편저), 『서태평양의 항해자들』(번역서) 등이 있다.

어느 인류학자의

박 물 관
이 야 기

글·사진 최 협

민 속 원

2쇄 출간에 부쳐

　　박물관 이야기를 펴내면서 이미 지적했듯이 나의 박물관 산책은 아직도 진행 중이다. 저자가 과거에 다녀온 박물관 중에서도 이야기하지 못한 곳이 여전히 남아있고, 책이 나온 이후에도 여러 차례 해외의 박물관 몇 곳을 새롭게 방문하기도 했다. 또 얼마 전에는 20여 년의 준비 끝에 세계 최대 규모의 고고학박물관이 될 그랜드 이집트박물관(Grand Egyptian Museum)이 머지않아 개관될 것이라는 뉴스를 접하고 나의 여행 버킷리스트에 올려보는 희망을 품기도 했다. 욕심 같아서는 앞으로도 세계 곳곳에 숨어있는 작은 박물관이나, 너무 가까이 있어 지나쳤던 내 주변의 박물관들을 찾아 나서고 싶다. 다만 나이와 건강을 생각하면 이 모든 것이 하늘의 뜻에 달려있을 것이다.

박물관 이야기를 새로운 이야기들로 계속하여 엮어 이어나갔으면 하는 바람이 있지만, 능력을 넘어 기한에 쫓기는 글쓰기에서 벗어나지 못한 나의 현실이 그를 어렵게 만든다. 그런데 마침 책이 2쇄에 들어간 다니 우선 부족한 부분을 조금이라도 보완하고픈 마음에 두 개의 대조적인 박물관[44], [45]을 더하기로 했다. 하나는 한 대중가수를 위한 작고 소박한 미국의 박물관이고 다른 하나는 세계사적 의미가 담긴 몽골의 국가박물관이다. 이러한 대비가 박물관이 갖는 다양한 스펙트럼을 이해하는 데 조금이나마 도움이 되고, 더 나아가 여러 가지 색깔의 박물관을 통해 우리가 경험할 수 있는 작은 기쁨에서부터 큰 배움에 이르기까지 폭 넓게 생각해 보는 실마리가 되었으면 한다.

인류학을 공부하면서 이런저런 인연으로 박물관을 드나들었다. 돌이
켜보면 박물관이 친숙한 장소가 된 것은 대학 시절에 이미 시작되었던
것 같다. 대학 3학년 때 전공 선택과목이라서 수강생이 몇 안 되는
고고학 연습이라는 과목이 있었는데 강의를 맡으신 분이 국립중앙박
물관의 한병삼 선생이셨다. 동숭동 캠퍼스에서의 두어 차례 강의 후,
다음부터는 박물관에서 유물을 직접 만져보고 실측도 하고 도면도 그
리는 작업을 해야 하니 강의를 박물관에서 진행하기로 했다. 그 당시
중앙박물관은 덕수궁의 석조전에 둥지를 틀었기에 매주 한 차례 덕수
궁의 박물관으로 갔는데, 싫지 않았다. 수업을 전후하여 고궁을 걷는
재미도 있으려니와 입장료도 내지 않고 덕수궁을 드나들 수 있다는
것도 괜스레 좋았다. 아름다운 석조전 건물의 테라스에서 내려다보는

풍경 또한 박물관이 좋아진 이유가 되었다.

　박물관 이야기를 시작하면서 제일 먼저 떠오른 곳이 미국 스미스소니언 산하의 국립자연사박물관이다. 그것은 아마 고고학이 아닌 인류학을 전공으로 선택한 내가 미국 유학 생활의 첫해에 귀중한 학습의 기회를 그곳에서 가졌기 때문일 것이다. 1969년 나는 스미스소니언의 자연사박물관에서 현지 조사를 위해 한국에 왔던 크네즈Eugene I. Knez박사의 경남 농촌 마을 조사에서 김원룡 교수님의 권유를 받아들여 조교로 활동했다. 그리고 1971년 나는 미국으로 유학을 떠나 신시내티대학에서 대학원 공부를 시작했다. 힘든 한 학기가 끝날 무렵 학과사무실로 크네즈박사가 전화를 해 나를 찾았다. 한국에서 가져온 자료정리 중 도움이 필요하니 크리스마스 방학 때 잠깐 워싱턴에 올 수 있겠느냐는 전화였다. 외롭고 고된 유학 생활 중 나를 찾는 사람이 있다는 사실이 그렇게 반가울 수 없었다. 더구나 인류학도라면 꼭 가보아야 할 국립자연사박물관에서 부른다니 너무 기쁘기도 했다. 방학이 되자 바로 워싱턴으로 날아갔고, 친절하게도 먼 나라 한국에서 온 나를 위해 크네즈박사가 공항까지 마중을 나와 주었다. 차에 타고 출발하면서 안전띠를 매라고 하시기에 귀찮게 여겨 그냥 넘어가려 하자, 크네즈박사의 말씀이 걸작이었다. 그가 지금 한국에 인류학박사가 몇 명이냐고 물었다. 나는 아마 이광규 교수 한 분일 거라고 대답했다. 그랬더니 크네즈박사는 무릎을 치면서 말하기를, 너는 한국에서 그렇게 귀중한 존재가 될 사람이니 반드시 안전띠를 하여 자신을 보호해야 한다며 웃었다. 아직도 크네즈박사의 재치와 따스한 마음이 잊히지 않는다.

워싱턴의 자연사박물관에서의 일주일은 참으로 유용한 자극제가 되었다. 웅장한 건물, 엄청난 소장품, 국제적인 연구진 등 모든 것이 새로웠다. 그 후 크네즈박사의 추천으로 대학원 인턴과정에 응모하여 다음 해 여름방학 두 달가량을 자연사박물관에서 지냈다. 그때의 자료와 준비로 나의 석사 논문 *Burner's Early Learning Hypothesis: A Critical Evaluation in the Light of Korean Peasant Acculturation*이 작성되었다.

학위를 마치고 교수로 재직하는 동안 국제학술대회 참가를 위해 많은 곳을 다녔다. 그리고 해외여행에 나설 때마다 박물관 방문을 잊지 않았다. 지금 돌아보니 꽤 많은 곳을 둘러보았다. 책을 낼 생각이 일찍 들었더라면 그러한 여행에서 메모도 좀 해두고 사진도 많이 찍어둘 것을, 그리하지 못해 박물관 이야기를 써 내려가는 동안 내내 후회가 앞섰다. 그런데 이제 되돌릴 수 없으니 그저 어찌하다 찍어둔 사진 자료나 희미해져 가는 기억을 더듬어가는 수밖에 도리가 없다.

박물관은 일상에서 항상 가까이에 있어 우리가 모두 잘 아는 친숙한 기관이라 생각하기 쉽다. 그래서 보통 사람에게 박물관이 무엇이냐 물으면 대부분은 가치 있는 물건들을 수집하여, 연구하며, 전시하는 기관이라 답한다. 박물관에 대한 가장 실용적이고 간단명료한 정의가 그러할 것이다. 그러나 우리가 박물관을 역사적 맥락에 위치시키고 그것이 갖는 사회·정치적 역할과 영향에 대해 깊이 파고 들어가면 많은 쟁점과 숨겨진 기능이 있음을 발견한다. 인류학에서의 박물관에 관한 논의를 보더라도 다루어온 주제는 식민주의에서부터 문화적 기득권이나 계급의 대립, 그리고 대상의 타자화他者化와 소외의 문제에 이르기까지 실로 다양한 접근이 존재한다. 이는 물론 시대의 변천 과정을 거쳐 오면서 박물관이라는 제도 역시 변화를 거듭해왔기 때문일 것이다.

근대의 많은 문물이 서양에서 발원했던 것처럼, 박물관 역시 서구에서 그 기원을 찾는다. 박물관을 뜻하는 museum의 라틴어 어원은 9명의 학술과 예술 담당 여신이 관장하는 사당 또는 학당을 지칭하는 mouseion이라 한다. 그런 점에서 서양의 박물관은 동양사회의 보물을 보관하는 창고와는 구별된다. 박물관은 아니지만, 그리스나 로마의 조각이나 미술품의 건물과 정원에서의 전시도 학술이나 예술 활동의 연장선에 있었다. 이러한 전통을 바탕으로 르네상스 시대의 인문주의 Renaissance humanism와 18세기 계몽주의enlightenment, 그리고 19세기 민주주의democracy의 발전에 발맞추어 근대적 의미의 박물관이 모습을 갖추어 갔다. 즉 16세기 전시공간으로서의 갤러리와The gallery 캐비네트The cabinet 의 유행, 17세기 네덜란드 레이던 대학과 영국 옥스퍼드대학의 박물관 설립, 그리고 18세기(1793) 프랑스에서는 루브르Louvre궁을 공화국의 박물관으로 개설하는 일이 뒤 따랐다. 산업화가 본격적으로 진행된 18세기에서 19세기에 이르는 과정에서 이제 다양한 종류의 박물관이 생겨났다. 미술박물관, 자연사박물관, 과학 기술박물관, 역사박물관, 인류학박물관 등이 그것이다. 20세기에 들어서면 교통통신의 발달, 대중문화의 보급, 교육 기회의 확대 등에 힘입어 박물관의 모습에도 많은 변화를 가져왔다. 특히 지난 50여 년 동안 박물관은 점차 지역사회의 문화센터로서의 기능이 강화되는 추세가 두드러진다. 이러한 추세와 병행하여 1960년대 이후 박물관의 성격과 지향점에도 새로운 경향이 나타났다. 사회적 민주화와 다양화로의 변화가 박물관의 성격에도 반영되기 시작한 것이다. 관람객을 찾아 나서는 박물관museum outreach이라는 개념이 등장하고, 도심의 빈민가나 소외된 농촌 지역에 세워지는 동네박물관 neighborhood museums 등이 그러한 변화를 보여주는 증거이다. 또한, 많은 박물관에서는 그동안 소외되어왔던 소수집단의 목소리를 전시나 박물관 운영 활동에 담는 노력을 시작하였다. 보다 적극적으로는 최근까지 인디언이나 흑인, 또는 유대인 희생자를 위한 박물관들이 여러 곳에 설립되었다.

급격한 사회문화적 변화를 겪어오는 과정에서 인류학계에서는 과거의 전통적인 형태의 박물관에 대한 반성과 성찰, 그리고 미래의 방향에 대한 모색이 있었다. 논의의 중심에는 탈식민주의 이론에 따른 정치적 각성, 문화의 표상화representation에 대한 신중한 접근, 지역사회의 참여, 문화적 정체성에 대한 논의와 형성이 자리하고 있었다. 박물관이라는, 어찌 보면 단순한 조직에 이렇게 여러 계층의 사람들이 비판하며 관여하려는 이유는 그만큼 박물관의 역할과 기능이 사회 심층에 끼치는 영향이 크기 때문일 것이다. 박물관의 소장품과 유물수집 활동은 예술, 심미안적 감식력, 과학, 전통 및 유산heritage과 같은 사회적으로 중요시되는 개념과 밀접하게 연계되어있는 것으로 받아들여진다. 따라서 박물관의 주요활동은 사회에서 중심적인 것과 주변적인 것, 가치 있는 것과 가치 없는 것을 가르는 논쟁에서 자유로울 수 없다. 박물관은 또한 학계에서 생산되는 권위 있는 지식을 일반 대중들이 쉽게 접근할 수 있도록 해 주는 매우 중요한 '중개적 공간'이기도 하다. 그러므로 박물관을 통제한다는 것은 지식과 가치를 통제하는 수단을 갖는다는 것을 뜻한다. 이러한 문제에 대한 바람직한 접근은 물론 박물관의 개방화와 민주화이다.

21세기 정보사회, IT 혁명의 시대에는 사회가 다원화되는 만큼 다양한 형태의 박물관이 필요할 것이다. 그러한 필요를 반영하듯 지난 20여 년 동안 세계적으로 다양한 집단의 목소리를 담은 수많은 박물관이 설립되어왔다. 이는 박물관이 사라져가는 고물 창고가 아니라 21세기에 새로운 모습으로 더욱 번창해 감을 보여주는 것이다. 여러 형태의 새로운 박물관들은 박물관이 다양한 전통heritage들이 선택되고 전시되며 소비되는 복합적인 장임을 나타낸다. 최근의 박물관들은 박물관이라는 장을 통해 경제와 관광이 만나고, 도시와 지역의 정체성과 이미지의 구축이 이루어지며, 전시의 기술과 교육이 오락과 접합되는 양상을 보인다. 이렇게 박물관은 시대의 흐름을 따라 새로운 도전을 계속해왔다. 박물관이 모든 문제를 해결할 수는 없지만 인간 지식과 능력의 한계 내에서 그들이 만들고 살았던 시대를 나름대로 설명하고 해석하는 일을 앞으로도 감당해 낼 것이다.

2021년 여름

易安齋에서

최 협

차례

어느 인류학자의

박 물 관

이 야 기

즐거움과 배움이 함께하는 박물관

미국 스미스소니언 산하 '국립자연사박물관' ①

미국의 국립자연사박물관National Museum of Natural History은 1846년 스미스소니언 재단Smithsonian Institution의 설립과 함께 출범한 미국 국립박물관 The United States National Museum이 모태이다. 작은 규모로 시작된 자연사박물관은 1910년, 당시로는 거금인 3백 50만 불을 들여 신고전주의 형식의 건물을 새롭게 짓고 본격적인 자연사박물관의 시대를 열었다. 미국 국립자연사박물관은 모든 종류의 박물관 포함하여 그 규모와 및 시설, 그리고 연구의 측면에서 세계 최고의 수준을 자랑하며, 매년 600만 명 이상의 방문객을 맞는 매우 인기 높은 박물관이다. 〈자연사박물관〉은 인류학도에게 최고의 학습 현장인데, 운 좋게 나는 1972년에는 대학원 학생 인턴으로, 그리고 1996년에는 풀브라이트 연구자로 두 차례 세계 최고인 이 자연사박물관에서 학습과 연구의 기회를 가졌다.

〈자연사박물관〉의 인류학 소장품은 〈미술박물관〉과는 달리 고가의 미술품이 아니라 한 사회의 문화를 보여주는 일상 용품이나 민속품이 주류를 이루는데, 이곳의 한국 관련 소장품들은 19세기 말 한국에서 활동했던 인사들(외교관, 선교사, 상인, 일반인 등)이 기증한 물건들부터 박물관의 학예사들이 현지 조사를 하며 수집한 물건 등 매우 다양하다. 1969년에는 아시아 담당 학예관 Dr. Eugene I. Knez가 한국에 와서 김해의 농촌 마을에서 인류학 조사를 하며 여러 물품을 사들여 2년 뒤인 1971년 워싱턴의 박물관에서 〈한국농촌사회의 변화〉라는 주제로 기획전시를 열었다(다음의 흑백 사진).

1972년 대학원생 인턴시절, 자연사박물관에서

1969년 Knez박사의 경남지역 농촌마을조사팀 조사에는 부산대 사학과 여학생, 고려대 사회학과 남학생, 그리고
인류학에서는 필자가 현지 조사에 참여하였고, 이때 수집한 자료와 물건들을 기반으로 1971년 워싱턴의 자연사박물관
에서 한국농촌사회변화에 관한 전시회가 마련되었다. 사진에는 마을의 이장님과 교장 선생님이 보인다.

어느 인류학자의 박물관 이야기

미국자연사박물관에는, 지금은 고인이 되신, Dr. Knez 같은 분들의 노력이 있어 지금까지 〈한국전시실〉이 마련되어 유지되어왔는데, 근래에 미국도 박물관의 재정이 어렵다는 소식이 들려 약간 걱정이 된다.

　　〈자연사박물관〉에는 인류학 이외에도 식물학, 곤충학, 광물학, 고생물학, 해양학 등 여러 학문 분야의 부서들이 있고, 소장품이 무려 1억 4천만 점이 넘어 인근 버지니아에 〈연구지원센터〉를 따로 지어 유물보관과 연구 활동을 지원한다.

　　1996년 내가 플브라이트연구자로 박물관에 머물 때 워싱턴시의 박물관과 버지니아의 지원센터를 오가는 셔틀버스를 타고 거의 매일 옮겨 다니며 자료를 검토해야 했다. 재미있는 것은 한국소장품 중에는 요강부터 고무신, 조선말의 의복, 대바구니, 통발에 이르기까지 그야말로 잡다한 물건들이 포괄되어있었다. 오랜 기간에 걸쳐 수집된 다양한 물건들을 망라해 보고 있노라면 그 당시의 생활상이 어렴풋이 머릿속에 그려지는 경험을 했다. 이때의 자료를 바탕으로 논문을 작성하여 〈미국 인류학회〉와 〈Korea Journal〉에 발표한 기억이 새롭다.

1987-88년 하버드 옌칭연구소에서 연구차 1년을 보냈다. 귀국길에 일주일 시간을 내 워싱턴에 머물며 아이들과 함께 박물관 투어를 했다. 나로서는 오랜만에 스미소니언을 다시 방문해 좋았고, 아이들에게도 즐거운 학습기회가 되어 온 가족이 공유하는 값진 추억으로 남아있다. 이 사진은 1988년 여름에 찍었고, 8년 뒤 나는 풀브라이트 연구교수로 자연사박물관에 다시 오게 되었으니, 참으로 나에게는 귀중한 경험을 제공한 박물관이다.

어느 인류학자의 박물관 이야기

The Mall쪽 출입문을 통해 박물관에 들어서면 넓은 원형의 홀에 거대한 아프리카 코끼리가 방문객을 맞이한다.
중앙홀의 오른쪽으로는 어린이들이 가장 좋아하는 공룡의 화석이 있는 전시실이 있다. (출처 : 자연사박물관 홈페이지)
스미스소니언 연구지원센터와 수장고

수장고에 보관된
한국 소장품을 찾아보다

미국 스미스소니언 산하 '국립자연사박물관' ②

02

미국 국립자연사박물관은 4천여 점의 한국 유물을 소장하고 있다. 대부분이 박물관의 수장고에 보관되어있는 한국 유물은 그것을 수집한 사람의 이름을 따라 Bernadou's collection, Allen's collection, Knez's collection 등으로 분류된다. 그동안 한국 정부는 해외소장 한국 문화재를 파악하기 위해 중앙박물관, 국립문화재연구소 등에서 노력을 기울여왔고, 2011년에는 〈국외소재문화재단〉까지 만들어 다양한 사업을 추진해왔다. 그래서 그동안 해외소장 한국 문화재 도록, 보고서 등이 많이 출간되었는데, 그것이 문화재에 초점을 맞추다 보니 자연사박물관의 민속·생활 자료는 주목을 받지 못했다.

그동안에 발간된 도록과 보고서를 보면 스미스소니언 산하의 동양미술관인 프리어 갤러리Freer Gallery of Art와 세클러 갤러리Arthur M. Sackler Gallery에 소장된 도자기와 회화 같은 소위 고급미술품만 보고되어있다. 그런데 프리어와 세클러미술관은 2015년부터 소장미술품을 온라인에 공개하는 서비스를 시작해, 이제 우리가 그곳까지 가지 않아도 연구할 수 있게 되었다.

여기 소개하는 자연사박물관 소장품은 1885년 Bernadou와 Jouy가 서울에서 구매한 것으로 보이는 민화와 그 외의 민속품이다. 이는 정확한 연대와 장소가 확보된 귀한 자료이다. 100년이 넘는 유물이지만 항온, 항습의 수장고에 보관돼 상태가 아주 좋다. 우리가 돌보지 않았던 물건을 잘 보관해준 셈이다.

유물을 보려면 수장고에 들어가야 하고, 수장고에는 세계 각국의 역사적 가치가 있는 유물들이 많아 스미스소니언이 발급한 신분증이 없으면 출입이 엄격히 통제되는데, 1996년 당시 KBS의 조순용 워싱턴 특파원이 내 이야기를 듣고 한국 유물에 관한 취재를 하고 싶다 하기에 인류학과장에게 부탁하여 수장고 출입허가를 얻어내 방송했던 추억이 있다.

수도의 심장부를 차지한
11개의 박물관

박물관 도시 워싱턴

03

미국정치의 중심지 워싱턴은 <박물관 도시>이다. The National Mall로 불리는 드넓은 공원지구는 도시의 한복판에 자리 잡아 동쪽과 서쪽으로는 국민대표 기구인 <의사당>과 노예해방의 <링컨기념관>, 남쪽과 북쪽으로는 의회민주주의 상징 <제퍼슨 기념관>과 대통령의 <백악관>을, 그리고 그 중심에 건국의 아버지 <워싱턴기념비>를 세워놓았다. 실로 미국 역사·문화에서 가장 핵심적인 모든 상징이 집중되어있다. 바로 그러한 자리에 위압적인 관청건물을 짓지 않고 무려 11개의 박물관을 건립했다. 이러한 작업이 100여 년 전부터 계획되고 시행되었다는 사실에 미국이 결코 만만한 나라가 아님을 느낀다.

매년 수많은 미국인이 워싱턴을 찾는 이유 중에는 박물관 순례가 포함되는데, 다음의 박물관 리스트를 보면 짐작이 간다. 박물관들이 미국의 역사와 문화를 배우는 학교가 되고, 동시에 미국의 기술과 성취를 드러내 주고 있기 때문이다.

<미국역사박물관, 자연사박물관, 우주항공박물관, 인디언박물관, 흑인역사·문화박물관, 아프리카미술박물관, 세클러미술관, 프리어미술관, 허쉬혼미술관과 조각공원, 국립미술관 동관, 서관>

모두 11개의 박물관 중 가장 방문객이 많은 곳이 <우주항공박물관>이라 하는데, 그 이유가 재미있다. 박물관에서 판매하는 달 탐사 아폴로 우주인들이 무중력상태에서 먹었다는 튜브 음식을 아이들이 사서 고향에 돌아가 친구들에게 자랑하면, 그를 부러워한 아이들이 그들의 부모를 졸라 여행을 오게 된다는 것이다. 농담과 과장이 썩어 있지만 일면 일리도 있어 보인다.

이곳의 박물관을 방문할 때면 The Mall로 나가 링컨기념관으로의 산책을 하면 좋다. 파르테논신전의 웅장한 모습에 깊은 인상을 받게 되는 장소다. 오래전 처음 방문했을 때 입구 계단에서 서편 광장을 한참 내려다보며 마틴 루터 킹Martin Luther King Jr 목사의 잊지 못할 연설을 떠올렸다.

I have a dream that one day this nation will rise up and live out the true meaning of its creed, "We hold these truths to be self-evident, that all men are created equal."

1963년 8월 28일 마틴 루서 킹 주니어가 노예해방을 가져온 링컨이 내려다보는 가운데, 내셔널 몰The National Mall의 드넓은 잔디광장에 운집한 수십만 군중을 향해 'I Have a Dream'으로 기억되는 역사적인 연설을 했다. 이 연설은 에이브러햄 링컨의 "게티스버그 연설"에 버금가는 명연설로 평가되고 있다. 이렇게 역사적인 장소로 인식되는 내셔널 몰은 11개의 박물관으로 둘러싸여 있으며, 미국 대통령 취임식이 열리면 시민참여의 장소가 되고, 매년 여름이면 다양한 축제가 열리는 무대이기도 하다. 유명한 축제로는 스미스소니언 민속축제Smithsonian Folklife Festival와 내셔널 몰 라이브음악 축제가 있고, 그 외에도 때때로 열리는 공예품 전시회, 그리고 여러 지역의 토속적 도자기와 직물, 민속조각품 등을 거래하는 임시 시장도 즐길 거리의 하나이다. 1972년 내가 자연사박물관의 대학원생 인턴으로 지낼 때 경험한 라이브음악 축제에서는 드넓은 잔디밭 여러 곳에 마련된 야외 설치 무대를 옮겨다니며 색다른 미국음악문화 체험에 푹 빠졌다. 남부 뉴올리언스의 재즈와 블루스, 애팔래치아 지역에서 온 Blue grass music 밴드, 컨트리뮤직의 수도 내슈빌의 악단과 가수의 공연 등을 처음으로 접한 곳이

1971년 겨울, 스미
소니언 첫 방문시
링컨기념관에서

내셔널 몰이었다. 내셔날 몰은, 〈The Washington National Mall〉이
라는 책을 펴낸 Peter R. Penczer가 말했듯이, "미국인의 앞마당으로,
시위를 벌이고, 기념비를 통해 역사를 느끼며, 휴식을 취하는 공간이
다."

미 의회 건물과 워싱턴기념탑 사이에 들어서 있는 박물관들
링컨기념관에서 내려다보이는 내셔널 몰 내셔널 몰 양편으로 박물관들이 줄지어 있다.

SMITHSONIAN MUSEUMS ON (AND NEAR) THE NATIONAL MALL

LEGEND 🖐 Restaurant 📶 Museum offers free WiFi Ⓜ Metro station

NATIONAL ZOO
5.3 miles from
the Castle

GALLERY PLACE/
CHINATOWN

F St. NW

E St. NW

POSTAL MUSEUM
28-minute walk
from the Castle
1.4 miles

RENWICK GALLERY
(Reopens 2016)
30-minute walk
from the Castle;
1.5 miles

NATIONAL PORTRAIT GALLERY
AND AMERICAN ART MUSEUM
15-minute walk from the Castle; 7 miles

D St. NW

UDVAR-HAZY
CENTER
29.3 miles from
the Castle

9th St.

7th St.

C St. NW

ARCHIVES-NAVY
MEMORIAL
PENN QUARTER

Pennsylvania Ave

FEDERAL
TRIANGLE

AFRICAN AMERICAN HISTORY &
CULTURE MUSEUM (opens 2016)

NATURAL HISTORY MUSEUM

Constitution Ave

NATIONAL GALLERY OF ART

U.S. CAPITOL

AMERICAN HISTORY MUSEUM

12th St.

Madison Dr.

9th St.

Sculpture
Garden

Butterfly
Habitat Garden

4th St.

AMERICAN INDIAN MUSEUM

Maryland Ave. SW

Heirloom
Garden

Victory
Garden

Urban Bird
Habitat

Hirshhorn
Sculpture Garden

Carousel

AIR & SPACE MUSEUM

SMITHSONIAN CASTLE

HIRSHHORN MUSEUM

RIPLEY CENTER

SMITHSONIAN
(NATIONAL MALL)

Jefferson Dr.

Ripley Garden

Independence Ave.

ANACOSTIA
COMMUNITY
MUSEUM
5 miles from
the Castle

WASHINGTON
MONUMENT

14th St.

FREER | SACKLER GALLERIES

SMITHSONIAN
(INDEPENDENCE AVE.)

ARTS AND INDUSTRIES (closed)

AFRICAN ART MUSEUM

Haupt
Garden

L'ENFANT
PLAZA

SW INFOGRAPHICS

내셔널 몰 왼쪽 위부터 차례로, 흑인역사박물관, 미국역사박물관, 자연사박물관, 국립미술관(서관), 국립미술관(동관).
아래쪽 왼쪽부터, 프리어, 세클러 미술관, 아프리카미술관, 허쉬혼 미술관, 우주항공박물관, 인디언박물관.

고전미술과 현대미술 사이를
넘나들 수 있는 곳

미국 국립미술관(The National Gallery of Art)

04

규모와 소장품의 수준에서 미국 최고라는 평가를 받는 워싱턴의 〈국립미술관The National Gallery of Art〉은 내가 2007년 Edward Hopper의 특별전을 관람하는 행운을 가져다주었기 때문에 오래 기억에 남는 곳이다.

〈미국 국립미술관〉은 1941년에 지어진 고전적 모습의 본관 〈서西관〉과 1978년에 중국계 미국건축가 페이I.M.Pei가 설계하여 유명세를 탄 현대적 동東관, 그리고 아름다운 조각 정원으로 나뉘는데, 서관은 고전적 작품들을 전시하고 동관은 현대미술 전시로 각각 특화되어있다.

그래서 미술관 건물부터 동관과 서관은 분위기가 완전히 다른 세계를 연출한다. 아마 한 지붕 밑에 붙어있는 미술관이 이렇게 대조적인 곳은 세계에서 이곳이 유일할 것이다.

소장품은 미국 유일이라는 레오나르도 다빈치의 작품에서부터 피카소에 이르고, 그리고 미국의 최근 대표적 작가들까지 포함하고 있어 미술애호가와 미술연구자들에게는 천국 같은 곳이다.

동관과 서관은 지하 통로로 연결되어 있어 두 곳을 자유롭게 왕래하다 보면 마치 타임머신을 타고 시대를 거스르는 것 같은 재미를 느끼기도 한다.

나의 아래 사진은 2007년 미술관 동관에서 Edward Hopper의 특별전이 열리고 있을 때, 전시장 입구에 그의 대표작인 〈Nighthawks〉를 크게 확대 인쇄하여 벽면을 장식했기에 기념으로 그 앞에 앉아 사진을 찍었다. Nighthawks 는 도시의 밤, 그리고 고독한 인간을 단순한 필치로 묘사해 현대사회의 소외와 공허함을 드러낸다.

국립미술관 본관에 해당하는 서관
서관은 전통적인 분위기의 고전미를 품은 건물이다.
서관에는 고전미술작품이 전시된다.

어느 인류학자의 박물관 이야기

I.M. Pei가 설계한 동관은 모습부터 서관과 대비된다.
동관의 현대적 분위기의 중앙로비
동관은 현대미술전문 전시관이다.

소수자의 목소리를 담다

국립 아메리칸 인디언 박물관
(National Museum of the American Indian)

05

워싱턴에 있는 〈국립 아메리칸 인디언 박물관National Museum of the American Indian〉은 인류학에서 말하는 소위 포스트 - 식민주의 박물관post-colonial museum의 관점을 담아 1994년에 개관되었다.

과거 전통적인 박물관에서의 인디언유물 〈수집과 전시〉는 백인의 관점에서 이루어졌기에, 타자화他者化, 탈脫맥락화, 재구성, 재발명의 굴레에서 자유롭지 못했다.

인류학계에서 이러한 문제점에 관한 논의가 이루어진 이후에 계획된 박물관이었기에, 인디언박물관은 그 설립과정에서부터 원주민의 참여를 적극적으로 수용하였다. 예컨대 곡선과 흙색의 건물디자인과 주변을 둘러싼 습지와 다양한 토종식물은 원주민이 살던 땅의 모습을 반영한 것이라 한다. 또한, 미 의회는 1990년대에 정부소속박물관에서 소장하던 인디언유물을 원래의 부족에게 되돌려주는 조례를 통과시키고, 박물관장도 오클라호마Oklahoma의 포니Paunee부족출신 케빈 고버Kevin Gover를 임명했다. 박물관 운영에서도 인디언 출신을 많이 기용하여 그들이 전시와 기획을 하도록 장려해오고 있다.

2007년 박물관 방문에서 나의 눈길을 끈 전시는 멕시코계 미국인이면서도 주로 인디언문화에 관한 예술 퍼

Is my identity an artifact, frozen in the past?

The artist James Luna (Luiseño) lay motionless in a 19th-century museum display case. Labels commented on the scars on his body. Nearby cases contained Luna's family photographs, Luiseño medicine objects, and other personal items, laid out like early anthropological displays of arrowheads, pottery shards, and tools.

This work of performance art, entitled The Artifact Piece, was first shown in 1987 at the Museum of Man in San Diego. In it, Luna subverts the practice of regarding Native Americans as objects or artifacts. By placing his living body on display, he criticizes museums that display Native cultures as dead or solely part of the past.

Jolene Rickard, guest curator, and Gabrielle Tayac, NMAI, 2004

제임스 루나 작품에 대한 설명 인디언의 정체성이 전시유물로 취급되어도 좋은지 묻는다.

45

포먼스와 설치미술, 평론으로 잘 알려진 James Luna의 작품The Artifact Piece모형이었다. Luna는 1987년 인디언문화가 미국의 박물관에서 과거의 죽은 유물로 취급되어 단순한 구경거리로 전락했다는 점을 비판하기 위해 유물 전시대 위에 자신이 시체처럼 누워 관람객들이 보도록 하는 퍼포먼스 겸 설치미술을 샌디에이고박물관에서 기획했다. 이 작품이 The Artifact Piece이다.

박물관을 방문하면 항상 살피는 것이 청소년을 위한 교육 시설이다. 인디언박물관도 대부분 선진박물관처럼 다양한 학습시설과 프로그램을 운영하고 있었다. 박물관에서 어린 학생들이 북적이는 모습은 언제 보아도 좋다. 원주민과 미 국민이 함께하는 다양한 사회적 프로그램도 활발히 진행되는 것 같아 부러웠다.

어린이 자료검색실
자료검색을 해보았다.
도서실

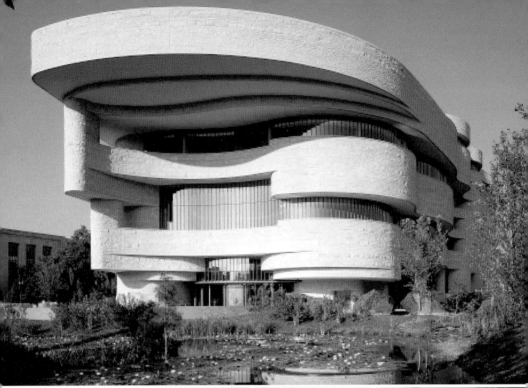

인디언박물관 전경
제임스 루나의 설치미술 작품 인디언을 마치 생명이 없는 유물처럼 진열대에 넣어 전시함으로써 기존의 박물관의
관행에 대하여 문제를 제기한다.
전시공간

박물관 자체가
캔버스이자 메시지다

국립 흑인 역사 · 문화박물관
(National Museum of African American History and Culture)

06

미디어 시대의 박물관은 건물 자체가 캔버스이다. 2016년 개관된 〈국립 흑인 역사·문화박물관National Museum of African American History and Culture〉은 〈미디어 파사드〉를 통해 밤이면 강렬한 사회적 메시지를 전파한다. 2020년 경찰에 의한 흑인 사망 사건으로 〈Black Lives Matter〉운동이 전국적으로 확산하자 곧바로 건물 전체가 이 메시지를 전파하는 미디어 캔버스가 되었다.

　부근에 위치한 미술박물관인 허쉬온 박물관Hirshhorn Museum도 오래전부터 레이저를 활용한 프로젝션 맵핑 방법으로 밤이면 화려한 영상을 시민들에게 선사한다. 박물관의 역할이 건물 밖으로까지 확장되는 모습이 좋다.

흑인 역사 · 문화 박물관

Black Lives Matter 시위가 전국을 휩쓸 때, 건물이 메시지가 된다.

어느 인류학자의 박물관 이야기

허쉬온박물관

밤에는 건물이 아름다운 캔버스로 변모한다.

마르크스와 레닌의 사이에 서다

베를린의 브뢰한 박물관(Bröhan Museum)

07

2019년 베를린 체류 중, 우연히 브뢰한 박물관Bröhan Museum을 들렀다. 비교적 최근인 1983년에 설립된 브뢰한 박물관은 가구와 공예품, 장식품 등을 수집해온 사업가 H. Bröhan(1921-2000)이 그의 컬렉션을 베를린 주에 기증해 만들어졌다한다. 그러한 연유로 브뢰한 박물관은 가구, 공예, 포스터, 건축 장식 같은 소위 아르 누보Art Nouveau 계통의 미술전시에 큰 비중을 둔다고 알려져 있다. 내가 방문했을 때에는, 1968년 〈프랑스의 5월 혁명〉 당시 파리예술학교 학생 신분으로 선전 포스터의 대량제작을 통해 학생혁명에 참여했던 주역들이, 그 2년 뒤인 1970년에 결성했던 〈Grapus〉라는 그래픽 디자인그룹의 〈포스터 작품 회고전〉이 열리고 있었다.

파리예술학교 졸업 후 이들의 일부는 프랑스 공산당의 선전 요원으로 활동했다. 이들은 주로 정치적 포스터나 선전물을 제작했지만 그들의 독창적인 아이디어들은 일반 그래픽디자인 분야에 많은 영향을 끼친 것으로 평가된다고.

Grapus 그룹은 구소련 몰락 즈음인 1991년 해체되었는데, 이 〈특별회고전〉은 지난 20년 동안 일종의 협동조합 형태로 유지되었던 Grapus에 참여했던 작가들의 대표적인 작품들을 망라해 선보이는 자리였다.

작품의 주제는 사회주의 대표 인물들 찬양, 인종분리정책 비판, 베트남전 반대, 자본주의에 대한 조롱 등 매우 다양해 나로서는 보기 힘든 작품들을 접하는 흥미로운 기회가 되었다. 마침 마르크스와 레닌의 초상화 포스터가 많아서 그 두 사람의 사이에 서 보았다(뒤에 나오는 사진 참조).

Grapus 그룹 사진

THE FRENCH GRAPHIC DESIGN COLLECTIVE

Grapus began as a collective revolt. In May 1968, three young graphic designers, Pierre Bernard, François Miehe and Gérard Paris-Clavel met in Paris creating political posters. After studying together for two years at the Institut de l'Environnement they founded their collective in 1970. Half jokingly, half seriously they were called "crapules staliniennes" – Stalinist scum – because of their membership in the Communist Party. Combining "crapules" with the French word for graphic design, "graphisme", resulted in their name – "Grapus".

The group was joined by Jean-Paul Bachollet in 1974 and by the German Alex Jordan in 1976, who had studied under Joseph Beuys in Düsseldorf. François Miehe left the group in 1979. Grapus lasted for 20 years and was a domain to more than 100 graphic designers, of which a third were foreigners.

Solidarity with workers, a critique of capitalism, the goals of the peace movement and the belief that good design can foster social change were an integral part of their work. The collective refused any commercial advertising, they worked for the Communist Party, for the union CGT, for social organizations, communes and cultural associations. Grapus went against all conventional visual expectations and, instead, created an innovative, spirited, and sensual graphic design using handwriting, blurred images, stains, and collaged elements. At the beginning of the 1990s, the group dissolved but the design they created remains very influential until today.

Grapus 그룹 활동에
대한 설명

어느 인류학자의 박물관 이야기

1789년의 혁명정신을 1978년까지 이어가자는 뜻을 담은 포스터

아주 작은 박물관인
브뢰한박물관의 정문

인종분리주의 반대 포스터

마르크스와 레닌 사이에 서다.

베트남전 반대 포스터

※ 참고로, 작품 〈1789, 7월 14일〉은 프랑스대혁명 때 바스티유 감옥 습격 일을 말한다. 1789년을 1978년으로 바꾸는 것은 혁명정신을 200년이 지난 현재에서도 계승해나가자는 뜻~. 커다란 숫자, 네 개로 많은 메시지를 전달한다!

미술관에서 화해와
관용을 생각하다

베르그루엔 국립미술관
(Museum Berggruen National Gallerie)

08

베를린의 아름다운 샤를로텐부르크Charlottenburg궁 길 건너편에는 아담한 규모의 〈베르그루엔 국립미술관Museum Berggruen National Gallerie〉이 있다. 이 자그마한 미술관이 〈국립〉미술관이다. 〈베르그루엔 미술관〉이 국립미술관의 대접을 받는 이유는 그만큼 귀중한 소장품을 품고 있기 때문일 것이다.

　　〈베르그루엔 미술관〉에 가면 유럽의 대형미술관들 못지않게 많은 Picasso, Klee, Matisse, Giacometti의 작품들을 만나게 되는데, 그러한 작품들이 베를린에 오게 된 경위가 나의 관심을 끌었다. 이 모든 작품은 베를린에서 태어난 유대인 Heinz Berggruen이 기증한 것으로, 그는 나치의 탄압이 시작되자 1936년 미국으로 망명했던 피해자였다. 그는 전쟁이 끝난 후 파리에 정착하여 살면서 소유하게 된 작품들을 1996년에, 그가 태어난 베를린으로 다시 돌아와, 국가에 기증하였고, 독일 정부는 국립미술관을 만들어 베르구루엔의 선한 기부에 응답하였다.

폴 클레

Paul Klee

앙리 마티스

샤를로텐부르크 궁

베르그루엔 미술관

자코메티   우리집 응접실 같은 기분이 드는 전시실

미술관에서 그림들을 감상하는 동안 내내 무언가 실마리가 쉽게 풀리지 않는 상념이 뇌리를 감돌았다.

그가 태어난 땅의 나치 정권은 6백만 명의 유대인을 학살했는데, 그러한 악몽을 피해 떠났던 고향 땅을 저주하는 대신, 오히려 다시 찾아와 아름다운 그림 기부의 손길을 내민 행위는 무엇일까?

역사적 승자의 권력과 힘을 등에 업고 목청 높여 소리쳐 꾸짖는 대신, 개인의 조용한 행위 하나로 전달되는 강렬한 메시지가 느껴진다. 그날, 호젓한 미술관의 뜨락을 거닐며 느껴졌던 따스함이 꿈처럼 기억 속에 남아있다!

천년이 훌쩍 넘도록 오랜 기간 세계 각지에 흩어져 힘들게 살아온 유대인의 정체성에는 확실히 시공을 초월하여 존재하는 단단하고 강인한 그 무엇이 심층에 자리 잡고 있을 것이라는 생각이 든다. 짐작건대 유대교라는 정신세계가 그들을 지탱시켜주었을 터이다.

사실 우리 인류는 유대인에게 배운 바가 크다. 마르크스, 프로이트, 사르트르, 카를 포퍼, 촘스키 등등, 나에게도 영향을 끼친, 금방 떠오르는 익숙한 이름들이 모두 유대인이다. 세계에 퍼져 사는 유대인은 고작 1,400만 명인데, 역대 노벨상 수상자는 25%를 차지한다. 미국 인구의 1.5%가 유대인인데, 미국 GDP의 20%가 유대인 몫이라 하니, 그들은 차별받는 소수집단이면서, 동시에 실질적인 지배집단이기도 하다. 그래서 약한 자가 강한 자이다!

좋은 박물관은 행복한 담소의 여유를 선사한다 아름다운 샤를로텐부르크 궁 옆의 베르구루엔박물관을 방문했던 날 저녁, 박물관에서 떠올렸던 여러 생각을 정리하며 그러한 담소의 시간을 가졌다.

※ Heinz Berggruen의 아들 Nicolas Berggruen은 독일, 미국 이중 국적의 〈집 없는 억만장자〉로 알려진 사업가인데 그의 재산 대부분을 기부해온 자선가이기도 하다. 부친이 이름을 남긴 베르그루엔 미술박물관에도 후원이사회를 맡아 대를 이어 지원하고 있다고 한다.

박물관과 기억의
정치와 사회변화

미국 홀로코스트기념박물관
(United States Holocaust Memorial Museum)

09

미국의 수도 워싱턴에는 〈홀로코스트기념박물관United States Holocaust Memorial Museum〉이 있다.

　　1996년 스미스소니언에 머물 때 인근에 홀로코스트기념관이 있음을 알고 약간 의외라는 생각을 했다. 미국은 유대인학살과는 전혀 무관한 나라였기 때문이다. 해답은 역시 유대인공동체의 힘이었다. 1978년 34명의 민간인 유명 인사들이 기념관건립위원회를 발족시키고, 이듬해에 카터 대통령에게 건의하여 대통령위원회가 만들어지고, 이어서 상하 양원의 지원을 받아 정부가 건립 대지를 확보해주었으며, 다른 한편 민간 부분에서 대대적인 모금 활동을 전개해 1993년 개관의 결실을 보았다. 모금에는 물론 유대인공동체가 큰 역할을 했다.

　　1979년 대통령 직속 〈홀로코스트위원회〉의 의장에 임명된 엘리 위젤Elie Wiesel은 루마니아 태생 미국의 유대계 작가 겸 교수로, 그 자신이 열여섯이 되던 해에 가족들과 함께 아우슈비츠 수용소로 끌려갔던 직접적인 피해자였다. 그의 어머니와 여동생은 아우슈비츠에서 죽었고, 위젤은 아버지와 함께 부헨발트로 보내졌으나 그곳에서 아버지도 사망했다.

전쟁 후 위젤은 프랑스에서 대학을 나오고 1955년 미국 뉴욕으로 이주하였으며 1963년 미국 시민권을 취득했다. 그는 홀로코스트를 다룬 회고록 〈밤La Nuit〉 이외에 〈새벽〉 〈한 세대 뒤〉 〈침묵의 유대인〉 등 많은 저서를 펴냈고, 동시에 폭력과 억압, 인종차별에 반대하는 사회운동에 적극적으로 나섰다. 위젤은 이러한 공로로 1986년 노벨평화상을 받았다.

위젤은 노벨상 수락 연설에서 이렇게 말했다.

"내 평생의 바람은 나의 과거가 아이들의 미래가 되지 않아야 한다는 것이다."

울림이 큰 이 한 마디에 홀로코스트기념관 설립의 당위성이 담겨 있다.

워싱턴의 홀로코스트기념관은 매우 독특한 방식으로 관람객을 이끈다. 4층 건물인 기념관에 들어서면 방문객을 그룹 지어, 마치 수용소로 들어가는 듯한 분위기를 자아내게 하는 '녹슨 철문'을 콘셉트로 한 대형 엘리베이터로 안내해 4층 전시관으로 올라가, 2층까지 연결된 전시실을 차례로 거쳐 내려가게 된다.

박물관 내부가 수용소 분위기를 풍긴다. 의도적인 설계일 것이다.

THE HOLOCAUST

어둡고 읍습한 색감과 조명의 전시실 입구

전시실은 연대기 순으로 나치의 등장에서부터 2차 세계대전 종전까지 유대인에 대한 탄압과 학살, 그리고 전후의 극복과정을 보여준다. 전시내용 중 어린이가 보기에 적합지 않은 부분이 있다 하여 2층~4층의 전시는 12세 미만 어린이는 입장할 수 없으며, 어린이들을 위한 코너는 1층에 따로 마련해주는 배려가 돋보인다.

여담으로, 1996년 홀로코스트기념박물관 관람 중 관내의 마이크로 긴급대피 안내방송이 흘러나왔다. 폭탄이 장치되었다는 협박 전화가 와서 관람객들은 밖으로 나가 잠시 대기해달라는 방송이었다. 밖으로 나가 한 시간여를 기다린 후 허위신고였음이 밝혀졌지만, 유대인에 대한 혐오가 여전히 남아있음을 일깨워준 쓸쓸한 경험이었다.

희생자들의 사진

유대인수용소 가스처형실에 남기고 간 신발들

유대인을 항상 따라다니는 두 개의 개념이 <디아스포라>와 <홀로코스트>이다. 그래서 미국 이외의 여러 지역에서도 유대인 관련 기념시설을 만날 수 있다. 독일 베를린에도 1999년 건립된 <유대인 박물관>Jewish Museum Berlin과 2005년에 만들어진 <학살된 유럽 유대인을 위한 기념물Denkmal für die ermordeten Juden Europas>이 있다.

베를린에 있는 이 두 개의 유대인 관련 기념건축물은 흥미롭게도 모두 유대인 건축가들에 의해 설계되었고, 둘 다 모두 건축학적으로 매우 높은 관심과 평가를 받는다는 공통점을 갖는다. 유대인 박물관을 설계한 건축가는 해체주의 거장, 다니엘 리베스킨트Daniel Libeskind로, 그는 1946년 폴란드에서 태어나 미국에 이민한 유대인이다. 유대인기념물을 설계한 사람은 미국의 건축가 피터 아이젠먼Peter D. Eisenman으로 그 역시 유대인이다.

베를린 유대인박물관 제2동   베를린의 유대인추모공원에서

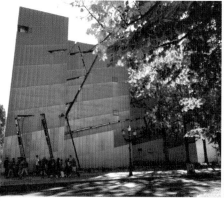

I left my heart
in San Francisco!

샌프란시스코 현대미술박물관
(San Francisco Museum of Modern Art)

10

편안한 마음으로 즐길 수 있는 아름다운 미술박물관. 〈샌프란시스코 현대미술박물관San Francisco Museum of Modern Art : SFMOMA〉이 바로 그런 곳이다.

1996년 SFMOMA를 처음 방문했을 때에는, 그 전 해에 마리오 보타Mario Botta라는 스위스 건축가의 설계로 신축한 독특한 외관이 깊은 인상을 남겼고, 이곳에서 만난 프리다 칼로Frida Kahlo의 강렬한 작품들도 내 기억에 자리 잡았다. 미술관의 매력에 이끌려 그 뒤로도 버클리에 갈 기회가 있을 때면 시간을 내어 들렀는데 다만 장소가 협소해 전시공간이 작아 아쉬웠다.

1996년 SFMOMA의 모습

69

그런데 반갑게도 2013년엔가 증축계획을 세워 3년여의 공사 끝에 2016년 5월 구건물 뒤편으로 새로운 건축물을 완공함으로써 전시공간을 무려 6배나 늘려 재탄생되었다. 운 좋게 나는 그해 여름 버클리대학에 연구차 한 달여를 머물게 되어 SFMOMA를 다시 방문할 기회를 얻었다. 증축된 건물은 보타^{Botta}의 원래 건축의 뒤쪽으로 더 큰 공간을 마련하는 것이 목적이었기에 앞에서 보면 하얀 구조물 일부만 보여 별 변화가 없어 보인다. 그러나 일단 내부로 들어가면 엄청난 신세계가 펼쳐진다. 드넓은 로비를 지나 올라가면 새로 연이은 신축 건물 벽들 사이의 공간에 수직 정원을 조성했는가 하면, 전시실을 도는 동선^{動線} 사이사이의 공간처리와 활용도 너무 안락하고 아름답다. 우리도 이런 미술관 하나 가졌으면 하는 바람도 해본다. 작품이야 사람에 따라 취향이 다르니까 뭐라 말할 수 없으니 사진 몇 장 소개하는 것으로 새로워진 분위기를 전한다.

신축공간은 매우 밝고 여유로운 공간을 자랑한다.

수직 공원에는 1만종이 넘는 식물이 자란다.

리처드 세라의 설치미술작품 비슷한 작품이 스페인 빌바오의 구겐하임미술관에도 있다.

화장실도 작품이다.

전시실의 다양한 모습

친환경 건축에 과학과 예술을 섞으면~Exploratorium?

샌프란시스코 과학박물관(California Institute of Sciences)

샌프란시스코 과학박물관의 명칭이 영어로는 〈California Institute of Sciences〉인데, 내용은 자연사박물관, 식물원, 수족관, 그리고 복합 배움 센터인 익스플로러토리움Exploratorium으로 구성된 종합 박물관이다.

　박물관을 들어서니, 팝아트의 거장 앤디 와홀Andy Warhol 이 그린 멸종 위기에 처한 동물들의 그림이 벽면 가득히 시선을 사로잡는다. 아! 예술과 과학의 만남! 이 둘을 접목해 어린이들의 시선을 끌게 하려는 깊은 생각이구나!

앤디 와홀의 멸종위기 동물 그림

친환경적인 모습의 박물관 전경

이 박물관은 〈광주 아시아문화전당〉의 〈어린이 지식문화원〉과 성격이 유사하여, 우리가 벤치마킹할 필요가 있는 기관이다. 우선 2008년 완성한 건물은 세계적인 건축가 렌조 피아노Renzo Piano의 작품인데, 지붕을 정원으로 만들어 친환경의 메시지로 시대를 앞서갔다는 평을 들었다. 아마도 광주의 아시아문화전당의 지붕 일부는 이 사례를 참조했을 것이다.

아카데미는 자연사박물관, 수족관, 식물원, 익스플로러토리움으로 구성되어 있다. 전시 콘텐츠가 어린 이이부터 어른까지 사로잡을 만큼 알차다. 그래서 비싼 입장료에도 불구하고 언제나 관람객들이 넘친다.

관람 도중 어린이들에게 다양한 포유동물들의 뼈를 가지고 설명하는 고교 해설가들이 어찌나 야무지게 잘하는지 칭찬해 주었더니 같이 사진을 찍자고 덤빈다. 이 아이들은 박물관에서 좋은 경험을 쌓고, 그들이 가고자 하는 대학에 진학하리라 생각하며 박물관을 나섰다.

공룡이 있는 공간 / 수속관 / 식물원
인류 진화를 보여주는 전시물 앞의 학생들
인턴으로 활약하는 고등학교 학생들이 참 야무지게 설명을 잘했다.

푸코의 망령과 국가 주도의 담론

중국국가박물관(National Museum of China)

12

베이징의 중국국가박물관National Museum of China은 공산주의국가 중국의 최대박물관이다. 중국을 처음 방문한 것이 1991년, 국교 수립 전이라 홍콩으로 가서 비자를 받아 북경을 방문했다. 이때는 국립박물관이 〈중국역사박물관〉과 〈중국혁명박물관〉으로 나뉘어 있었다. 내가 방문한 박물관은 〈중국혁명박물관〉이었는데, 기억에 남아있는 것은 혁명 과정을 묘사한 극사실주의 그림들이었다. 러시아 혁명기부터 태동한 사회주의 사실주의Socialist Realism 기법이라 들었는데 정말 꼼꼼히 정성을 다한 그림들이었다.

2003년 중국은 〈중국역사박물관〉과 〈중국혁명박물관〉을 통합하여 〈중국국가박물관〉을 개관하였다. 대국 굴기를 내세우는 나라답게 세계 최대 규모의 박물관이라 한다. 규모는 크지만, 건축미가 주는 감흥은 없다는 생각이다.

9년 전 북경 방문 시 짬을 내어 〈중국국가박물관〉을 찾아가 보았다. 중국의 여러 지역의 박물관들을 둘러보았지만, 국가의 권위가 높은 중앙기관이어서인지, 북경의 〈중국국가박물관〉은 입장 시부터 경비와 보안이 지나칠 정도로 철저했다. 우선 입구 계단 등에 자유롭게 앉아있거나, 그룹으로 어울려 누굴 기다리거나, 여유롭게 그냥 시간을 보내는 사람들이 보이질 않는다. 그냥 나란히 줄을 서 기다리다 입장하면 엄청난 규모의 로비가 나오고, 이 거대한 박물관의 투어가 시작된다.

지금은 중국국가박물관으로 통합되어 아시아 최대의 박물관이 되었다.
입구의 중앙로비
전형적인 전시실 모습
1991년 베이징을 방문했을 때에는 중국혁명박물관이 있었다.
공안 경찰이 지켜주는 박물관 앞에서

박물관을 둘러보면서 이런 생각을 했다. 문화 비교를 업業으로 하는 인류학자의 생각으로는 '민주적 사회에서의 박물관은 국민이 문화를 즐기고 누리는 장소이지만 공산주의 사회에서는 국가의 이념과 성취를 주입하고 과시하는 장'이라는 생각이 들었다. 전자는 다양한 해석의 여지를 남겨놓지만, 후자는 하나의 해답만을 제시한다.

중국은 풍부한 문화유산을 가진 문화 대국이다. 따라서 박물관의 콘텐츠는 손색이 없다. 선사시대부터 현대에 이르는 중국 사회가 품어온 문화는 보여줄 것이 엄청나게 많기 때문이다.

그러나 세계의 여타 다른 박물관과 비교해서 역시 차별성을 갖는 부분은 공산주의 혁명에 대한 〈기억의 재현〉이 아닐까 한다. 사회주의 사실주의, 공산당의 선전기법, 뛰어난 예술가들의 땀 등이 응고해있는 작품들이니 어찌 보면 당연한 일이 아닐는지!

혁명 찬양예술의 진수 공산혁명이나 공산당 지도자들을 미화하는 정치적인 그림들

어느 인류학자의 박물관 이야기

나는 자유다!

샌프란시스코 '드 영 박물관'(de Young Museum)

13

무언가 조용히 응시하고 싶을 때 찾을 수 있는 박물관이다.

국가가 건설한 〈거대 박물관〉들의 정치공학적이고, 권위주의적인 성격에 싫증을 느끼는 사람이 많을 것이다. 다행스럽게도 세상에는 자유로운 영혼이 편안한 마음으로 상상과 힐링의 시간을 보낼 수 있는 쉼터 같은 박물관들이 곳곳에 널려있다. 샌프란시스코의 〈드 영 박물관de Young Museum〉이 바로 그런 곳이다.

샌프란시스코 골든 게이트 공원에 있는 〈드 영 박물관〉은 건축디자인 자체가 호기심을 유발한다. 구리판으로 외벽 전체를 덧입힌 건물과 뒤틀린 형태의 전망 타워는 누가 보아도 특이한 모양새다. 1989년 지진으로 인하여 오래된 박물관 건물(1894년 설립)이 파괴되자 좌파 성향의 일부 인사들이 인근의 공립미술관과 합쳐 공원 터를 늘리자는 의견을 내었지만, 〈드 영 박물관 재단〉이 2억 달러의 기금을 조성하여 새롭게 박물관을 재탄생시켰다. 그런데 영국의 테이트 모던Tate Modern을 설계한 스위스의 건축팀 자크 헤르조그Jacques Herzog와 피에르 드 뫼롱Pierre de Meuron의 설계가 1999년 일반에 공개되자, 익숙지 않은 디자인 때문에 지역에서 또다시 반대의 의견이 많았다 한다. 마치 파리의 에펠탑이 파리 시민들의 혐오의 대상이었던 것처럼. 그러나 새 박물관은 우여곡절을 거쳐 2005년에 완공되었고, 지금은 "미학적으로 뛰어나고, 동시에 예술품을 감상하기에 편안한 공간"이라는 평가가 지배적이다.

드영 박물관 입구의 표지판이 예술적이다.
고전미술전시실
기증자들의 전시실

어느 인류학자의 박물관 이야기

특이한 외양의 박물관 전경 오른쪽의 전망대에 오르면 샌프란시스코 만이 한 눈에 들어온다.
통로를 이용한 전시
현대미술전시실

〈드 영 박물관〉은 넓은 조각공원이 건물과 연계되어 박물관이 골든 게이트 공원의 일부처럼 여겨진다. 외벽을 감싸고 있는 구리판은 세월이 흐르면 점차 녹색의 톤으로 변모하여 주변의 경관에 섞여질 것이고, 박물관 내부의 구조 역시 어느 건축평론가의 표현처럼 마치 '우아한 선율'이 들려오는 듯한 편안함을 느끼게 해 준다. 군데군데 바깥의 풍광을 끌어들이는 넓은 창과 마름모의 중정 덕분에 전시실 사이의 통로가 만들어내는 부드러운 곡선이 아늑한 분위기를 조성한 때문일까? 관람을 마치면 전망 타워로 올라가 샌프란시스코만의 탁 트인 풍광을 응시한다. 아! 자유다.

밖에는 훌륭한 조각공원이 조성되어 있다.
조각공원 가는 길의 설치미술 작품들
전시실 사이사이에 바깥을 볼 수 있는 창이 많아 대체로 폐쇄적인 다른 박물관과 차별화된다.
전망대에서 바라보는 풍경

문화적 다양성을
품다

베트남 민족학박물관(Vietnam Museum of Ethnology)

14

베트남사회과학원 초청으로 세미나 참가를 위해 하노이를 1995년과 1997년 두 차례 방문했다. 처음 베트남을 방문했을 때, 시기가 4월경이 었는데 하노이 공항에서 시내로 들어가는 길 양편에 누런 벼를 수확하고 있는 광경이 신기했다. 알고 보니 베트남은 2모작 이상이 가능해서 그랬다. 하노이 시가를 둘러보며 동양의 작은 파리라는 별명이 어울린다는 생각도 들었고….

하노이에는 베트남의 수도인 만큼 좋은 박물관이 많다. 〈호지민 박물관〉, 〈베트남 역사박물관〉, 〈군사박물관〉, 〈베트남미술관Vietnam Fine Arts Museum〉, 그리고 〈베트남 민족학박물관Vietnam Museum of Ethnology〉 등 규모 있는 박물관이 다섯이나 되었다. 물론 사회주의국가이니만큼, 이 모두가 국립박물관이다.

세미나가 끝난 후 여러 곳을 안내받았다. 먼저 역사박물관, 전쟁 박물관을 방문했는데, 해설 차 동행한 하노이대학 역사학 교수는 한국의 참전은 그 당시 한국의 처지에서는 불가피했을 것으로 이해한다고 내게 말했다. 그가 보인 한국과 미국의 참전을 대하는 대범한 태도가 깊은 인상을 남겼다. 뒤돌아보면, 그 후 베트남의 개방정책과 한국과 미국과의 관계개선이 착착 진행되었다. 그 베트남 역사학 교수의 말이 그냥 외교적인 수사가 아니었음을 알 수 있다. 나는 전공이 인류학인지라 〈베트남 민족학박물관〉에서 박물관장의 안내를 받아 보다 많은 시간을 보냈다.

세계적으로 인류학 관련 박물관은 인류학박물관(멕시코), 자연사박물관(미국, 영국), 민족학박물관(독일, 프랑스, 일본) 등을 꼽을 수 있는데, 아직 한국에는 인류학 관련 박물관이 없다.

박물관 전경

어느 인류학자의 박물관 이야기

박물관장과 함께
1997년 베트남 사회과학원 초청 세미나
1995년 유네스코주최 국제학술대회에서 각국 대표단과 함께한 사진 맨 오른쪽이 북한 대표
1995년 유네스코 세미나참가들이 베트남 부총리를 예방했다 나의 오른편에 북한 대표가 서 있다.

그래서 한국에서의 〈국립자연사박물관〉 건립을 위해 1990년대 후반부터 자연과학 분야 학자들과도 연대하여 정부에 건의도 하고 신문에 칼럼(동아일보 2001년 10월 30일 '여론마당')을 써 여론을 환기하기도 하며 여러모로 노력해 봤지만, 여전히 한국에는 제대로 된 자연사박물관이 만들어지지 않았다. 다행히 요즈음 동료 인류학자인 이태주 교수가 관심을 두고 일을 추진하는 것 같아 고맙고 든든하다.

　　베트남에는 인구의 86%를 차지하는 비엣족Viet ethic group 외에 54개의 다양한 소수민족이 산다. 전형적인 다민족 사회이다. 민족학박물관은 그러한 소수민족들의 다양한 문화를 보존하고 연구하며 전시·교육하는 역할을 담당한다. 근래에는 이러한 민족학박물관이 베트남을 찾는 외국인 관광객에게 인기가 많다고 들었다. 그래서 과거 박물관의 전통적 기능에 더하여 방문객들에게 친교적이고, 오락적이며, 참여적인 경험을 제공하는 다양한 프로그램을 개발하며 진화하고 있다.

대표적인 예로 민족학박물관에 드넓은 야외전시장을 만들어 실물
의 집과 공방 등을 건립하고, 베트남 전통의 수중인형극 공연 등을
통해 문화적 참여 거리와 볼거리를 제공하는 것을 들 수 있다. 1997년
나도 저녁 시간에 민족학박물관의 야외전시장에 마련된 수중극장에서
관중석을 꽉 채운 관광객들과 함께 역사적으로 오랜 전통을 자랑한다
는 Water Puppet Show를 즐길 수 있었다. 베트남의 전래민담을 화려
한 의상과 무대장치, 그리고 전통음악으로 엮어낸 종합예술이라고나
할까…. 우리나라에도 인류학 관련 박물관이 설립되기를 기다린다.

다채로운 소수민족의 전시실 내부
입체적 전시로 관람객의 이해를 돕는다.
야외 전시장에 있는 에데족(Ede People)의 롱하우스. 에데족은 모계사회이다.
야외전시장에 세워놓은 바나족(Bana People)의 공동가옥 나롱(Nha Rong)

멕시코 고대문명의
수수께끼를 푸는 열쇠

멕시코 국립 인류학박물관
(Museo Nacional de Anthropologia)

15

인류학박물관의 정면 모습

입구를 들어서면 넓은 광장에 대형 폭포형 분수가
신비의 세계로 들어왔음을 알린다.

〈멕시코 국립 인류학박물관Museo Nacional de Anthropologia〉은 멕시코의 고대문명인 〈올멕〉, 〈아즈텍〉, 〈마야〉 문명에 관한 세계 최고이자 최대의 보물창고이다. 1층은 Teotihuacan 실, Aztec Mexica 실, Oaxaca 실, Maya 실 등 총 12개의 공간으로 나뉘어 시대별 유물과 유적구조물들이 웅장한 규모로 전시되고, 2층에는 〈멕시코 원주민의 문화〉를 다양한 방식으로 보여준다. 〈멕시코 인류학박물관〉의 좋은 점은 1층의 전시실들이 각 문명의 거대한 구조물들을 배치해 놓은 바깥 공간으로 이어져 관람객이 마치 유적의 현장을 답사하며 공부하는 느낌이 들도록 한다.

중남미 문명에 대한 국내의 관심이 높지 않기에 멕시코 인류학박물관은 우리에게는 생소한 박물관이다. 또한, 멕시코라는 나라는 거리상 가기 쉬운 곳이 아니다. 그런데 1993년 세계인류학대회가 멕시코시티에서 열려 논문발표를 위해 멕시코를 가게 되었다. 당시 논문발표분과의 사회를 봐주신 세로니 롱Dr. Cerroni-Long교수와는 International Union of Anthropological and Ethnological Sciences 산하에 Committee on Ethnic Relations를 만들어 활동을 시작했고, 학술대회 후에는 테오티우아칸 유적을 둘러보기도 했다. 테오티우아칸은 6세기의 인구가 20만 명 이상이었다는 중미의 고대문명으로, 8세기경 알 수 없는 이유로 사라졌다. 신비한 수수께끼 같은 문명의 이야기가 넘치는 땅이다. 그래서 언젠가 다시 한 번 가보고 싶은 땅이기도 하다.

박물관의 전시실 그 내용이 매우 충실하고 풍부하다.

박물관 안에 유적지의 건축물 전체를 옮겨다 놓았다.
유적지 전시 앞에 서다 옮겨다 놓은 돌비석이 거의 성인의 키 높이에 이르는 크기이니 뒷 건축물의 규모가 짐작이
갈 것이다.
1993년 멕시코시티에서 열린 세계인류학대회에서의 발표 장면 이 분과의 좌장인 Cerroni-Long 교수는 그 후
독립분과를 만들어 학회활동을 같이했는데, 2019년 네덜란드 Leiden 대학에서 개최된 아시아 연구자 국제학술모임에
서 다시 만났다.
박물관관람 후 테오티우아칸 유적을 돌아보았다.

문화대통령 이야기

프랑스 대통령들의 박물관

16

프랑스의 대통령들은 박물관을 사랑한다?

　〈조지 퐁피두〉 이래 프랑스의 대통령들은 대체로 세계적인 박물관이나 문화센터를 하나씩 만들었다. 그 유명한 복합문화시설인 〈퐁피두센터Centre Pompidou〉는 그가 퇴임한 이후인 1977년에 완공되었으나 퐁피두 대통령 재임 시에 계획안이 만들어졌다. 퐁피두센터는 도서관, 현대미술관, 음악연구소 등이 함께하는 복합문화시설로 미술관에는 피카소작품 등 많은 양의 현대회화를 소장하고 있다.

　〈지스카르 데스탱〉 대통령은 옛 철도역 건물을 세계 최고의 미술관으로 거듭나게 했다. 그의 취임 초인 1974년에 구舊 역사驛舍를 미술관으로 만드는 연구용역을 시작하고, 1978년 3명의 건축가의 안이 채택되었기 때문에 오르세 미술관은 1986년에 완성되었지만, 지스카르 데스탱 대통령의 업적으로 간주한다. 〈오르세미술관〉에 가면 모네, 마네, 세잔, 고흐, 고갱 등 인상파와 후기인상파 화가들의 작품을 만나게 된다.

　〈미테랑〉 대통령은 루브르박물관에 중국계 미국인 페이I.M.Pei의 설계로 〈유리 피라미드〉를 만드는 파격적인 현대화계획을 추진했다. 반대의 의견이 많았지만, 미테랑 대통령은 결단력 있게 프로젝트를 추진했고, 결과는 대성공이라는 평가다.

　〈자크 시라크〉 대통령은 프랑스 지식인들의 건의를 받아들여 과거 유럽의 식민지로 원시와 미개로 폄하되었던 세계 모든 지역의 문화와 예술을 위한 박물관 건립을 추진했다. 그 결과가 2006년에 개관한 〈케브랑리 박물관The Quai Branly Museum〉이다. 그동안 아프리카와 오세아니아 박물관과 인류학박물관, 민족학연구소 등에 분산되어있던 유물과 예술품들을 한데 모으고, 여러 다른 지역의 유물들을 보완 수집하여 아름답고 현대적인 인류학박물관을 만든 것이다.

한국에도 문화 대통령이 등장하기를 기대해 본다.

Georges Pompidoe(1969-1974) 퐁피두센터(Centre Pompidou)
Giscard d'Estaing(1974-1981) 오르세 미술관(Musée d'Orsay)

François Mitterrand(1981-1995) 그랑 루브르(Grand Louvre)
Jacques Chirac(1995-2007) 케브랑리 박물관(The Quai Branly Museum)

아름다운 기부는
사랑받는 박물관을 만든다

게티 박물관(J.Paul Getty Museum)

17

미국 로스앤젤레스의 〈게티박물관〉은 부유층의 '재산 사회 환원'의
모범사례이다. 1950-60년대 세계 최대의 석유 재벌로 성공한 기업인
폴 게티Paul Getty는 아마 미술품도 투자의 하나로 여겼을 것이다. 다만
옥스퍼드와 버클리 등에서 수학한 그는 훌륭한 미술품을 보는 안목을
갖고 있었다. 자연스레 게티는 그가 수집한 미술품을 전시할 박물관을
만들었고, 미술품의 양이 갈수록 늘어나자 박물관의 대규모 확장을
계획하였다. 현재 로스앤젤레스에는 게티 빌라Getty Villa와 게티 센터
Getty Center라는 두 개의 미술박물관이 있는데, 계획을 세웠던 게티는
이들의 완공을 보지 못하고 1976년 사망했다.

두 개의 박물관 중 〈Getty Center〉에 거의 모든 주요 소장품과
연구 · 교육 기능이 집중되어있기에, 대체로 게티 센터Getty Center를 게티
박물관Getty Museum으로 칭하여 게티 빌라Getty Villa와 구별한다.

게티 센터Getty Center, 즉 게티 박물관Getty Museum은 10여 년 이상의
준비 끝에 건축계의 노벨상이라는 프리츠커상Pritzker Architecture Prize 수상
자인 리차드 마이어Richard Meir의 설계로 13억 달러를 들여 1997년에
완공되었다.

브렌트우드 언덕에서
내려다보이는 LA전경

게티 박물관은 LA시가지를 내려다보는 브렌트우드Brentwood 언덕에 자리를 잡아 방문객에게 기막힌 전망과 아름다운 정원을 선사한다. 센터는 6개의 건물로 이루어져 있는데, 54개의 전시실을 갖춘 미술관 외에 Getty Research Institute, Getty Conservation Institute, Getty Foundation이 함께 자리해 다양한 연구와 교육, 봉사의 기능을 담당한다. 특히 100만 권의 장서를 갖춘 도서관과 최첨단 디지털 정보실, 교육연구소 등은 게티 박물관이 얼마나 박물관의 사회/교육적 측면을 강조하고 있는가를 잘 말해준다.

게티는 사망 시 〈게티석유회사〉 주식 4백만 주를 게티 박물관에 기증해서 사회를 깜짝 놀라게 했다. 그 당시 4백만 주는 7억 달러에 달하는 거액이었고, 주식 가치는 계속 불어나 2017년에는 69억 달러를 넘어섰다. 풍부한 기금 덕분에 게티 박물관은 누구에게나 무료로 개방되고 무료 강연, 무료 가족 참여프로그램, 스튜디오 교습, 특별 영화 시리즈 운영, 콘퍼런스 등 다양한 교육과 참여프로그램을 통해 시민의 문화 향유와 사회적 문화 활동에 엄청난 기여를 한다.

또한, 학자들에게 연구 기회를 제공하고, 수준 높은 출판을 통해 학문발전에도 한 몫 하는 박물관이다. 참으로 여러 측면에서 모범이 되는 박물관이 아닐 수 없다. 물론 보석 같은 미술박물관 소장품을 감상하고 즐기는 기쁨은 말할 필요도 없고…. 그래서 생각해본다. 우리도 재벌이나 자산가들의 박물관, 미술관 건립을 억압하지 않는 세제검토가 필요한 시점이 아닌지?

게티박물관의 야외 카페
드넓은 정원을 산책할 수 있다.

채광이 좋은 건물 내부
회화전시실

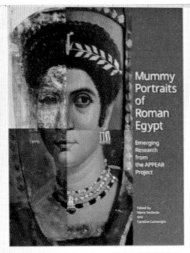
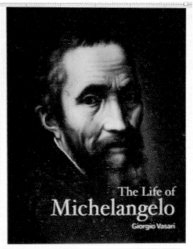
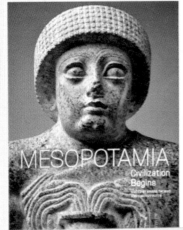

게티센터의 연구서 및 간행물

성공적인 세계박람회를
활용한 지혜

일본 국립민족학박물관日本 國立民族學博物館

I8

일본 오사카에는 〈국립민족학박물관National Museum of Ethnology〉이 있다. 한국에는 아직도 제대로 된 인류학 관련 박물관이 없기에 인류학을 공부하는 사람에겐 참 부러운 일이다. 우리가 세계로 뻗어 나아가려면 세계를 우리가 먼저 받아들이고 이해하고 소통해야 한다. 민족학(또는 인류학)과 민족학박물관은 바로 그러한 이해와 소통의 중요한 통로가 되어준다.

　　오사카의 〈국립 민족학박물관〉은 세계엑스포가 개최되었던 장소에 건립되었다. 1970년 동東아시아에서는 최초로 열린 오사카 〈세계박람회〉에는 77개국이 참가하여 6개월 동안 열렸는데 관람객 6천4백만 명을 넘기는 신기록을 세우며 대성공을 거두었다. 1970년의 오사카 세계엑스포는 1964년 도쿄 올림픽에 이어 일본을 명실공히 세계무대의 윗자리에 자리매김한 행사로 이제 일본은 동아시아 구석의 폐쇄적인 국가가 아니라 세계로 뻗어나가고 동시에 세계를 받아들이는 개방적이고 진취적인 나라임을 천명하는 계기가 되었다.

　　이러한 역사적인 의미를 갖는 장소이기에 일본 정부는 이곳을 〈엑스포 기념공원〉으로 지정하였고, 그 후 몇 년간의 논의를 거쳐 1974년 엑스포 기념공원에 〈국립 민족학박물관〉을 설립한다는 결정이 내려졌다. 세계엑스포를 유치했던 장소에 〈세계의 모든 민족문화를 연구하는 센터〉를 만든다는 것은 중요한 상징적 의미가 있다. 왜냐하면, 세계엑스포를 통하여 세계와 소통한 일본이 이제 자국自國의 문화를 넘어 세계 모든 지역의 문화를 함께 연구하고 보존하는 데 앞장서겠다는 의지를 표명한 셈이기 때문이다.

　　한 가지 특이한 사실은 기존의 모든 박물관은 〈문화재 보존법〉에 근거하여 설립된 반면, 민족학박물관은 〈학교교육법〉 안의 '대학공동

이용기관大學共同利用機關'으로 설립되었다는 점이다. 이는 민족학박물관이 단순한 박물관을 넘어서 〈국가의 주요 연구기관〉임을 드러내 준다. 국가 주요 연구기관답게 1977년 완공된 민족박물관 건물은 건평이 43,821㎡로 거의 한국의 국립중앙박물관 수준(49,468㎡)이다. 한국중앙박물관이 2005년 아시아 최대 규모를 목표로 지어졌다는 사실을 참작하면 오사카 민족학박물관 역시 일본 정부가 중요시한 국가적 프로젝트였음을 알 수 있다.

일본은 세계엑스포를 유치하면서 이미 〈민족학박물관〉에 대한 구상을 시작했던 것 같다. 엑스포 참가국의 국가전시관에는 흔히 자국의 문화적 정수를 보여주는 물건이 전시되기 마련인데, 일본 정부는 각국의 그러한 문화적 물품들을 엑스포가 끝난 뒤 일본에 기증해줄 것을 권유했다고 한다. 몇 년 뒤 개설될 민족학박물관 전시유물을 미리 확보하기 시작한 셈이다. 일본 당국의 치밀함이 돋보이는 대목이다.

(나도 1993년 108개국이 참여한 〈대전 세계박람회〉 당시 참가국들의 국가관에 전시되는 민속품의 기증을 받았으면 하는 생각을 하고 이를 건의하기도 했다. 불행히도 대전 엑스포는 행사가 끝난 후 〈엑스포과학공원〉과 대전 〈엑스포기념관〉을 수년간 형식적으로 운영하다가 문을 닫고 말았다.)

중정에 놓인 중미 조각상
동남아시아 전시관
한국실의 전시 중 민간신앙부분
한국전시실에서

오사카의 국립 민족학박물관은 민족학 자료를 수집·보존하며, 이를 연구와 전시에 활용하는 박물관이다. 그리고 일본 최고의 〈인문 사회과학연구기관〉의 역할도 담당한다. 60여 명의 교수급 연구원들이 개별연구, 국내 협동 연구, 국외 공동연구를 활발하게 진행하며, 매년 20회 이상의 국제 심포지엄, 포럼, 워크숍을 개최한다. 또한 〈지역문화학〉과 〈비교문화학〉 분야를 가르치는 대학원 과정의 운영도 민족학박물관의 주요 기능 중 하나이다.

마지막으로 민족학박물관은 높은 평가를 받는 두 개의 국제적 정기 학술 간행물을 펴내고 있다(〈Senri Ethnological Studies〉; 〈Bulletin of the National Museum of Ethnology〉).

민족학박물관의 교수진에는 개설 초기인 1975년부터 한국 전공자가 포함되어있었는데, 1988년부터 재직한 아사쿠라 도시오朝倉敏夫교수는 메이지대학에서 학위논문을 쓸 때 한국 전남의 도초도都草島에서 인류학 현지 조사를 하면서 나와 인연을 맺었다. 그런 이유로 오사카를 방문하면 그를 만난다. 얼마 전에도 연구자료 수집 목적으로 일본을 방문했을 때 오사카의 박물관을 찾았고, 아사쿠라 교수는 그 전해에 정년퇴직하고 사립대학으로 옮겼음에도 박물관에서 나를 친절히 맞아주었다.

연계 건물로의 통로가 멋지다 / 박물관 작업실
방문연구자 연구 및 작업공간 / 행정실
교수연구실 / 아사쿠라교수와 함께

자동차가 살아있다!

메르세데스 벤츠박물관
(Mercedes-Benz Museum, 독일 Stuttgart)

19

독일의 슈투트가르트Stuttgart는 메르세데스 벤츠Mercedes-Benz와 포르쉐 Porsche, 그리고 보쉬Bosch의 본사가 있는 세계적인 자동차산업 도시이다. 슈투트가르트는 독일에서 여섯 번째로 큰 도시이지만 산업, 기술, 금융의 도시인만큼 관광객들에게 잘 알려진 도시는 아니다. 만일 관광 목적으로 슈투트가르트를 찾는다면 그것은 아마도 세계적으로 알려진 〈슈투트가르트 국립발레단〉의 공연을 보려거나, 아니면 벤츠Benz의 〈자동차박물관〉을 찾는 사람일 가능성이 크다.

벤츠박물관 전경

    메르세데스 벤츠라는 글로벌 회사는 다른 지역에서는 볼 수 없는 자동차박물관을 만들어 슈투트가르트라는 공업 도시에 문화적 향기를 더해주었다. 독특하고 알차게 꾸며진 개성 만점의 박물관이 세계적인 명성을 얻어감에 따라 요즈음은 〈Benz 박물관〉을 보려고 슈투트가르트를 찾는 관광객이 늘어나는 추세라 한다. 나도 10여 년 전 슈투트가르트대학에서 공부한 이석정 박사의 안내로 벤츠박물관을 방문할 기회가 있었다.

    박물관을 들어서면 관람객은 일단 원형의 공간에서 천장 끝까지 연결된 엘리베이터를 타고 올라가게 되어있다. 벽면을 타고 오르내리는 엘리베이터의 디자인과 설치는 독일의 기술과 21세기적 미래를 엿보게 한다. 최상층에 이른 다음 사람들은 자연스럽게 둥근 벽면을 따라 배치된 전시실을 차례로 돌아 내려오면서 자동차의 변화하는 역사를 보고 듣고 느끼게 된다.

    흥미롭게도 맨 위층에 도달해 제일 먼저 만나는 전시물은 자동차 발명 이전의 교통수단이었던 말馬이다. 역사적으로 맞기도 하고, 재치 있는 아이디어 같다. 아이들이 무척 좋아한다.

    전시물의 배치는 여러 가지 상상을 초월하는 방식들을 동원해 관람객들의 감탄을 자아내게 만든다. 물론 기본적으로 전시는 자동차의 초기 모습부터 점차 다양한 모델이 등장하는 과정을 실물과 시청각 자료를 통해 흥미롭게 알아갈 수 있도록 체계적으로 구성되어 있다. 또한, Benz 차의 기술혁신과 자동차산업을 선도해 온 역사도 잘 정리되어 있고…

빙 돌아 내려오는 전시공간
슈트트가르트대학 교수들과의 간담회
입구 로비에서 멋진 엘리베이터를 타고 맨 위층으로 올라간다.
엘리베이터에서 내리면 맨 처음 만나는 이동수단—말

20세기 초의 자동차 / 20세기 초의 벤츠
1930년대의 벤츠 / 1960년대 이후의 벤츠들
벤츠가 만든 경주용차 / 아름다운 Benz 500K

어느 인류학자의 박물관 이야기

전시품을 찬찬히 들여다보면서 새롭게 느낀 점은 자동차가 하나의 예술품일 수 있음을 깨달았다는 사실이다. 1930년대에 만들어진 Benz 500K 시리즈 중 하나인 명작 앞에서 한 청년이 발을 떼지 못하고 있었다. 나 역시 '아! 참 아름답구나!' 감탄이 절로 나왔다.

전시실을 돌아 내려오면서 밖의 풍광을 즐기며 휴식을 취하기도 하고, 내려오는 계단의 기하학적 미를 감상하기도 하며 한나절, 건물 자체가 탐구대상이 되는 독특한 박물관에서 행복한 시간을 보냈다.

기술과 문화가 조화롭게 접목된 현장을 돌아보며, 박물관의 무한한 가능성을 다시 생각해본다.

디스플레이 방식이 매우 창의적이다.

인디언 Ishi를 만나다

버클리대 〈인류학박물관〉

20

버클리대는 내가 1996년에 풀브라이트 연구자Fulbright Senior Research Fellow
로, 그리고 2007년에는 방문학자Visiting Scholar로 장기간 머물렀고, 정치
학과 이홍영 교수와의 공동연구 때문에 여러 차례 방문했던 매우 친숙
하고 편안한 곳이다. 그래서 대학과 버클리 곳곳에 추억어린 장소도
많다. Kroeber Hall, Moffitt Library, Moe's Book Store, 동아시아연구
소 인근의 점심 단골집 Great China, 인류학과 길 건너의 cafe La
Strada, 그리고 〈인류학 박물관Phoebe A. Hearst Museum of Anthropology〉 등
등….

1950년대의 인류학과와 인류학박물관 (버클리대 인류학과 제공)

버클리 소재 캘리포니아대학의 〈인류학박물관〉에는 이쉬Ishi라는 한 인디언의 슬픈 자취가 깃들어 있다. 〈이쉬〉는 그의 생애 중 마지막 5년을 캘리포니아대학의 〈인류학박물관〉에서 보내다 세상을 떠났다. 그리고 그의 죽음은 그가 속했던 야히Yahi부족의 종말을 의미했다.

〈이쉬 이야기〉는 이렇다.

부족이 몰살을 당해 홀로 방황하던 이쉬는 1911년 8월 29일 캘리포니아 북부의 오로빌Oroville이라는 마을 한 농가의 창고에 들어와 숨어 있다가 백인들에 의해 발견되었다. 이쉬는 곧바로 백인들에 의해 감금되었는데, 이 소식을 듣고 달려 온 캘리포니아대학의 인류학교수였던 크뢰버Kroeber와 워터맨Waterman에 의해 당시 동 대학의 박물관이 자리한 샌프란시스코로 옮겨졌다.

〈이쉬〉가 처음 발견되었을 당시의 사진을 보면 두려움과 피로에 초췌해진 모습이 역력하다.

〈이쉬〉가 속한 부족 〈야히〉는 3천여 년 동안 캘리포니아 북부에서 살았다. 대부분 인디언이 그랬던 것처럼, 야히 부족도 많을 때는 수천에서 적게는 수백 명이 부족사회를 이루고 살아왔다. 이러한 소규모의 인구집단은 극심한 천재지변이나 전쟁을 통해 순식간에 부족이 사라질 가능성을 항상 안고 있었다.

야히족의 최후는 19세기 초 백인들의 본격적 이주가 시작되고, 설상가상으로 1849년 캘리포니아에서 금광이 발견되면서 가까이 다가오고 있었다. 물밀 듯 밀려오는 백인 이주자들에게 사냥터를 빼앗긴 야히족은 때때로 백인들의 목장을 습격하였는데, 반격에 나선 백인들에 의한 대학살 사건이 1866년에 발생했다. 이러한 과정을 거치며 야히족의 인구는 불과 수백에서 수십 명으로 점차 줄었고, 결국 뿔뿔이

흩어지게 되었다. 그래서 1908년에는 우연히 산에서 백인과 잠시 스쳐가며 확인된 4명이 전부가 되었다. 그중의 한 명이 <이쉬>였던 것이다.

<이쉬>는 그가 발견될 때까지의 수년을 몇 명의 부족원과, 그리고 그들이 모두 죽은 다음에는 홀로 시에라 네바다산맥 북쪽 한 귀퉁이의 디어 샛강Deer creek 부근을 배회하며 고독하게 살았다.

같이 있던 사람들이 모두 죽자 야히족의 장례관습을 따라 그는 자신의 머리카락을 잘라 불사르고, 외롭고 지친 상태에서 몸은 쇠약해지고 더욱더 깡마른 상태가 되었다. 발견 당시 <이쉬>의 모습은 이 세상에 완벽하게 홀로 남아, 지치고 나약해진 인디언의 초상이다. 그리고 사진에 나타난 그의 표정은 예측할 수 없는 위험에 대한 공포를 드러내고 있다.

캘리포니아 인디언을 연구하던 버클리대학 인류학과의 크뢰버와 워터맨은 <이쉬>를 <인류학박물관>으로 데려와 숙소를 마련해 주고 살도록 했다, 그가 결핵으로 1916년 사망하기까지 5년여를 더 산 <이쉬>는 점차 건강을 회복하고 새로운 환경에 적응하는 듯했다. 그러나 그는 야히족의 관습을 잊지 않고 적에게는 절대 자기 이름을 밝히지 않는다는 원칙을 끝까지 지켰다. <이쉬>라는 이름은 크뢰버가 야히족의 말로 '사람'이라는 뜻을 가진 '이쉬'라는 단어를 이름으로 대신 사용한 것이다. 그래서 지금도 우리는 그가 진정 누구였는지 알지 못한다. 또한, 그가 새로운 환경에서 얼마나 불행했는지, 아니면 일말의 행복감을 느껴 본 적이 있는지 알 길이 없다. 다만 우리는 그것에 대해 상상해 볼 뿐이다.

Yahi translator Sam Batwai, Alfred L. Kroeber, and Ishi
Photographed at Parnassus in 1911.
Image courtesy of UC Berkeley, Phoebe Hearst Museum of Anthropology.

처음 발견되었을 당시의 이쉬 모습
오른쪽이 이쉬, 가운데가 크뢰버교수, 왼쪽은 인디언 통역 [사진 UC Berkeley Library]
이쉬가 그의 고향 디어 샛강에서 수영하는 모습 [사진 UC Berkeley Library]

어느 인류학자의 박물관 이야기

〈이쉬〉에 관련된 여러 자료사진을 보면서 한 장의 사진이 특별하게도 나의 시선을 사로잡았다. 〈이쉬〉가 붙잡힌 지 3년 뒤인 1914년, 건강도 회복하고 크뢰버와 워터맨과의 우정도 쌓여 그들과 같이 그의 고향 디어 샛강Deer creek을 다시 찾아갔을 때, 그가 옛 시절 부족의 벗들과 자유롭게 몸을 담그던 〈정든 강에 몸을 던져 수영하는 모습을 찍은 사진〉이 그것이다.

그의 삶, 그의 가족, 그의 부족이 함께하던 곳. 땅과 하늘과 강이 곧 자신이었던 자연 속 〈이쉬〉의 모습에서 참된 행복을 읽는다. 그래서 이 사진이 우리에게 주는 가르침에 대하여 생각하게 된다.

〈후기 1〉

우연한 기회가 생겨 이쉬가 붙잡힌 오로빌(Oroville)에서 하룻밤을 묵은 적이 있다. 내가 묵은 모텔의 주인은 인도사람이었고, 마을의 일터에는 히스패닉이 많이 보였다. 〈이쉬〉가 떠난 뒤 90년이 지난 지금, 오로빌에 〈이쉬〉의 흔적은 없었다.

다만 약 40분 거리에 있는 유바 - 서터Yuba-Sutter라는 곳에서 마을 사람들이 〈이쉬〉의 이름을 붙인 활쏘기 대회Ishi Tournament를 일 년에 한 차례 갖는 것을 알게 되었다.

오로빌을 나서며 문득 하늘을 쳐다보았다.
푸른 하늘에는 구름이 조용히 거기 있었다.
소리 없이 왔다가 사라지는 구름처럼
〈이쉬〉도 흔적조차 남기지 않고 갔다.
그러나 구름은 언제고 다시 와

이 땅에 단비를 내려 줄 것이다.

하얀 구름이 모여 단비를 내리고 생명을 키운다.

그리고 하늘에는 아무것도 남기지 않는다.

인생의 무상함을 깨닫는 것은

역사가 집단적 환상임을 알게 되는 것...

〈후기 2〉

　1999년 인류학 교수 낸시 셰퍼 휴스Nancy Scheper-Hughes는 버클리대학의 이름으로 이쉬Ishi에 대하여 사죄를 구하는 공개편지를 새크라멘토Sacramento에서 열린 한 학술모임에서 공표했다.

〈후기 3〉

　2020년 5월 25일 미국 흑인 조지 플로이드가 경찰의 폭력으로 사망하는 사건이 발생하여 미 전역에 Black Lives Matter라는 구호를 외치며 전국적인 시위가 일어났다. 그 여파로 인종주의자의 혐의를 받는 역사적 인물들의 동상이 훼손되고, 진보적인 대학에서는 그러한 인물의 이름이 들어간 건물의 명칭을 바꾸는 일이 진행되고 있다. 버클리대학에서는 2021년 1월, 일부 구성원의 제안을 대학 당국이 수용하여 인디언을 타자화했다는 이유로 크뢰버의 이름으로 불리는 인류학과 건물의 명칭을 바꾸기로 결정했다.

Los Angeles Times
2021년 1월 27일자에
실린 사진 작업자가
인류학과 건물 벽에서
Kroeber 표시를 걷어
내고 있다.

2016년 Kroeber Hall
앞에서 찍은 사진
이제 이 사진도 역사가
되었다.

그곳에도 문화가 있었네!

클리블랜드 미술박물관(Cleveland Museum of Art)

20여 년 전이던가? 북한을 다녀온 유명 소설가가 펴낸 책 제목이 "그곳에도 사람이 살고 있었네!"였던 것 같다. 〈클리블랜드〉! 우리에게 생소한 미국 오하이오주의 쇠락해가는 산업도시인 클리블랜드를 방문한 뒤 나의 소감은 "그곳에도 문화가 있었네!"였다.

〈클리블랜드미술박물관〉은 내가 외국에서 처음 방문한 박물관이다.

1971년 미국유학길에 올랐을 때 나보다 2년 먼저 간 내 친구 성룡이가 클리블랜드의 Case Western Reserve University(CWRU)에서 공부하고 있었고, 내가 다닐 대학도 오하이오주에 있었기에 미국의 첫 기착 도시가 클리블랜드가 되었다. 친구 집에서 첫 밤을 지내고 다음 날 대학 주변을 안내받았는데, University Circle이라 불리는 〈대학지구〉 내의 공원에 미술박물관, 자연사박물관, 클리블랜드 오케스트라의 연주 홀이 있었다. 일단 〈대학〉과 〈문화시설〉을 함께 배치한 도시계획이 무척 마음에 들었다.

작은 호수를 낀 오솔길을 지나 별다른 기대 없이 친구의 안내로 들어간 미술박물관은 내가 그 당시에는 상상도 하지 못했던 규모와 수준의 문화공간이었다. 기분 좋은 충격을 느꼈다고나 할까?! 갑자기 다른 문화권으로 옮기면 경험하게 되는 혼란을 인류학에서는 〈문화충격〉이라 부른다. 60년대 한국의 생활 여건은 물론이려니와 문화시설 역시 참으로 빈약한 시절이었다. 가난한 나라에 온 가난한 유학생이, 미국 도착 다음 날, 급격히 변한 생활환경에 첫발을 내디딘 날... 〈카우보이 문화〉정도를 예상했던 미국의... 그저 그런 무명의 도시에서... 뜻밖의 훌륭한 미술박물관을 접하게 되었으니 의외로 충격이 컸던 것 이다. 미국에 도착한 다음 날, 나는 클리블랜드에서 모네,

클리블랜드 미술박물관은 운치 있는 공원 안에 있다.

드가, 렘브란트, 로댕 등의 작품을 내 생애 처음으로 실물로 만났다. 신선한 경험이었다. 여하튼 이러한 이유로 클리블랜드 미술박물관은 나에게는 잊히지 않는 박물관으로 남았다. 그래서 오랜만에 찾아본 그때의 사진을 다시 보며 즐거웠던 옛 시간을 되살려본다.

1971년 미국 도착 다음 날 방문한
미술박물관에서의 20대 청년

클리블랜드 미술박물관Cleveland Museum of Art은 객관적으로 매우 높은 평가를 받는 미술박물관이다. 19세기 말 클리블랜드의 기업인들이 마련한 기금을 바탕으로 1913년 설립되어 1916년에 개관한 이래 꾸준히 기금을 증액하여 2018년 현재 기금이 7억5천5백만 달러에 달하는데, 이는 미국의 미술박물관 중 네 번째로 많은 액수라 한다. 성공한 사람들이 자신의 재산을 〈사회에 환원〉하는 관행이 클리블랜드처럼 일하는 사람들의 산업도시에서도 활발히 이어져 온 현상은 확실히 부러운 일이다. 충분한 기금 덕분에 클리블랜드 미술박물관은 무료로 시민들에게 활짝 열린 문화공간이 되었다.

클리블랜드 미술박물관의 주요 소장품은 고대 이집트 미술에서 20세기 미술에 이르기까지 동서고금의 회화, 조각, 공예의 모든 분야에 걸쳐 있어, 미국의 그 어느 미술관에 비해 손색이 없다. 몇 가지만 소개하면 틴토레토의 '그리스도의 세례', 렘브란트의 '젊은 남자의 초상', 피카소의 '생生' 등이 유명하고, 특히 내가 좋아하는 모네의 그림 〈The Red Kerchief Portrait of Madame Monet〉가 있다. 또한, 동양 미술품도 많을 뿐 아니라 '한국실'을 따로 두고 있기도 하다.

한때 석유와 철강 산업으로도 크게 흥했던 클리블랜드는 20세기 중반 이후 석유와 철강 산업이 쇠퇴하면서 쇠락의 길에 들어섰지만, 여전히 문화적으로 긍지를 갖는 도시이다. 클리블랜드가 자랑하는 클리블랜드 오케스트라Cleveland Orchestra는 뉴욕 필하모닉, 시카고 심포니, 보스턴 심포니, 필라델피아 오케스트라와 함께 미국 5대 관현악단으로 명성이 높다. 클리블랜드 오케스트라 연주 홀의 명칭은 기부자의 이름을 따라 〈Severance Hall〉로 불리는데, Louis Severance는 클리블랜드에서 창립된 스탠다드 오일Standard Oil의 투자자로 1909년 한국의 세브란스병원에도 10,000달러를 기부하여 그의 이름을 남겼다.

Cleveland가 문화도시로서의 면목을 지켜오는 데는 대학도 한 몫 한다. 우리에게는 잘 알려지지 않았지만 〈Case Western Reserve University〉는 오하이오를 대표하는 명문 사립대학이다. 생명공학, 의학, 사회복지, 간호학 분야가 특히 유명하고 공대, 치대, 자연과학대나 경영대의 순위도 상위권에 든다. 경영대 건물은Peter B Lewis Building 스페인의 구겐하임미술관을 설계하고 프리츠커상 수상자인 유명 건축가 프랑크 게리Frank Gehry의 작품으로 이를 보러 오는 관광객도 있다고 들었다. CWRU가 우수한 인재를 양성하는 대학이라는 증거는 총 17명의 〈노벨상 수상자〉를 배출하였다는 사실이 말해준다. 이름도 몰랐던 대학의 노벨상 수상자! 그것도 한두 명이 아니고 열일곱 명씩이나! 개성이 존중되고 다양성을 추구하는 다원 사회의 저력이 이런 데서 드러남이 아닐까?

살벌한 도시로 여겼던 클리블랜드에도 〈문화〉가 있었다. 사람이 사는 곳은 자신들이 가꾸기 나름이다. 그래서 광주, 문화도시를 생각해 본다. 우리는 어디에 와 있을까?

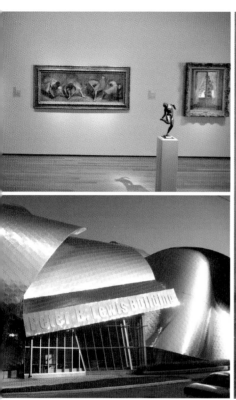

전시실
프랑크 게리가 설계한 CWRU의 경영대 건물
모네의 그림 〈The Red Kerchief Portrait of Madame Monet〉

이슬람 도시의 기독교 성화

이스탄불의 카리예 박물관
(Kariye Museum - Chora Church - /Kariye Müzesi)

22

카리예성당
성당 박물관의 입구에서

이스탄불의 경이로운 문화경관 중 하나로 꼽혀온 〈카리예 박물관Kariye Museum〉이 앞으로 일반인의 접근이 어려워진다는 소식이다.

"에르도안 터키 대통령은 2020년 8월 21일(현지 시간) 이스탄불의 〈카리예 박물관〉을 모스크로 전환할 것을 공식 지시했다고 AFP, AP 통신이 보도했다. 이는 터키 정부가 유네스코 세계유산인 성소피아 박물관을 모스크로 전환한 지 한 달여 만에 또 다른 박물관을 모스크로 변경하기로 한 것이다. 코로나 발 경제 위기 속 보수 지지층의 결집을 노린 이번 결정에 따라 〈카리예 박물관〉은 이제 종교 당국에 넘겨져 향후 이슬람 신자들의 기도회를 위해 개방될 것이라고 AP통신은 전했다."

정치 선동에서 가장 쉽게 동원되는 '민족'과 '종교'는 정치 이데올로기의 탈을 쓰고 곳곳에서 강압 정치에 이용된다. 하기야 한국에서도 느닷없이 개념도 모호한 토착 왜구를 들먹이며 150만 명을 처단하자는 괴변이 등장하는 형편이니 터키의 사정이 어떠한지 가늠해볼 엄두가 나지 않는다.

터키는 역사적으로 동양과 서양이 만나는 지점이었기에, 로마, 비잔틴, 오스만 튀르크 문명이 둥지를 틀고 엄청난 문화적 유산을 인류에게 남길 수 있었다. 그래서 터키만큼 인류의 값진 문화유산이 혼재해 있는 지역도 드물다. 잘 알다시피 1453년 천 년 동안 지속하여온 동로마제국이 오스만튀르크에 무너졌다. 그런데 지금의 이스탄불인 콘스탄티노플을 함락시킨 오스만튀르크는 대부분의 기독교 시설들을 파괴하거나 해체하지 않고 건물 일부를 고쳐 이슬람교 사원으로 사용했다. 예컨대 〈아야소피아〉의 벽면을 가득 채우고 있던 기독교 벽화들은 회로 덧칠을 해 보이지 않도록 했을 뿐이다. 그럴 뿐만 아니라 20세기에 오스만튀르크의 뒤를 이어 들어선 터키 공화국의 케말 파샤 정부는 세속정치를 표방하여 지난 500년 동안 이슬람교의 중심 사원으로 사용되어온 이 건물을 1945년 〈국립박물관〉으로 전환했다. 이런 이유로 1453년 종교·문화전쟁이 끝나고 500년이 훨씬 지난 오늘날 터키에서 우리는 수많은 기독교 유적을 세계인이 공유하는 문화재로 누릴 수 있었다. 나도 11년 전 그러한 기회를 누리는 행운을 얻었다. 그리고 그때 손수 찍은 사진들을 여기 공개하는 일도 특별한 즐거움임을 새삼 느낀다.

〈카리예 박물관〉은 소장품을 전시하는 대부분 박물관과는 달리 건물 자체가 유엔 지정 세계문화유산인 매우 이례적인 박물관이다. 이 작은 성당의 벽면과 천장에는 비잔틴 최고의 모자이크와 프레스코 성화가 가득하다. 사람들은 이 역사적인 걸작품을 보기 위해 카리예 성당, 아니 〈카리예 박물관〉을 찾는다. 회교국가인 이스탄불에서 비잔틴 최고의 모자이크와 프레스코 성화를 볼 수 있다는 것은 문화적 관용과 이해를 일깨워주는 놀라운 경험이 아닐 수 없다.

카리예성당은 4세기 초 콘스탄티누스 대제가 건설한 성벽 바깥에 세워진 크지 않은 수도원이었다. 성 밖에 있어 '야외' '시골'을 뜻하는 코라chora라는 이름으로 불렸기에 지금도 일명 코라 성당이라 불리기도 한다. 현재 남아있는 본당 건물은 마리아 두카이나Maria Dukaina(알렉시우스 1세 콤네누스의 장모)가 1077~1081년 사이에 십자가형 구조로 재건축한 것이다. 그 후 12세기 초 지진 등으로 건물 일부가 붕괴하여 재건되었고, 세 번째, 가장 중요한 증·개축은 테오도르 메토키테스Theodore Metochites (1260~1332)가 안드로니쿠스 2세의 명령을 받아 시행하였는데, 이때 현재 남아있는 모자이크 성화와 프레스코 성화가 완성되었다. 이 때문에 테오도르 메토키테스는 그 자신의 모습을 모자이크화에 남겼을 뿐 아니라 이곳에 묻혔다.

　카리예 성당은 예수와 성모마리아에게 바치는 건축물이다. 그래서 건물 내부는 대부분 예수와 성모마리아의 일생을 묘사한 모자이크로 뒤덮여 있다. 방문객이 정문으로 들어서면 본당으로 연결된 복도문 위에 비잔티움 후광을 한 예수 그리스도의 모자이크를 만난다. 예수의 양옆에는 '산 사람들의 나라', 곧 '천국'을 의미하는 명문이 새겨져 있다. 그 반대편인 외부 출입구 위에는 아기 예수를 가슴에 품은 성모마리아의 모자이크가 자리하고 있다. 성모마리아의 양손 위에는 '담을 수 없는 자의 땅', 즉 '예수 그리스도의 땅'을 의미하는 명문이 쓰여있다. 방문객을 맨 처음 맞이하는 이 두 개의 모자이크 성화는 이 교회가 예수 그리스도와 성모마리아에게 봉헌된 것임을 나타낸다.

　본당 출입문 양편으로 왼편에는 사도 베드로가 오른편에는 사도 바울의 모자이크가 있다. 베드로는 왼손에 천국의 열쇠를 쥐고 있으며, 바울은 왼손에 복음서를 들고 오른손으로 축복을 보내고 있다. 성당 벽면과 천정을 따라 이어지는 모자이크와 프레스코 성화들은 성경 말씀을 연대기적으로 풀어낸 스토리텔링형식을 취하고 있는바, 이는 과거 신도들이 교회에 들어와서부터 예배를 마치고 나가는 순간까지 그리스도교 신앙의 핵심을 느낄 수 있도록 성화를 치밀한 계획 하에 배치했음을 말해준다.

　〈카리예 박물관〉의 모자이크가 완성된 14세기를 우리는 흔히 비잔티움 제국의 르네상스로 일컫는다. 그러므로 흔치 않은 후기 비잔티움 예술의 진수를 한자리에서 감상할 수 있는 〈카리예 박물관〉은 인류가 공유해야 할 보물이다. 앞으로 모스크로 바뀌더라도 아름다운 모자

이크와 프레스코화에 과거처럼 회칠이 덮여 씌워지지 않기를 간절히
바란다.

교회에 들어서면 본
당 입구의 현관 기능
을 하는 홀narthex의
벽면에서 화려한 색채
가 여전한 예수의 모
자이크를 볼 수 있다.

본당 내부의 천장

성당 내부의 천장이 온통 아름다운 프레스코화로 덮여있다.
왼쪽의 큰 모자를 쓴 사람이 테오도르 메토키테스. 그가 성당을 예수님께 바치는 모습이다.
성모마리아와 12명의 수행 천사가 등장하는 아름다운 프레스코화
천장 돔에 그려진 예수님과 그의 조상들

사도 바울
마리아의 죽음
예수의 부활 흰옷의 예수께서 아담과 하와를 관에서 끌어내 부활시키고 있다. 그림의 보존 상태가 아주 양호하다.

박물관의 정치학

카자흐스탄의 국립박물관

23

박물관은 순수문화기관이기에 흔히 정치와는 무관한 존재로 여기기 쉽다. 그러나 박물관의 역사를 훑어보면 특히 국립박물관의 역사는 제국주의, 식민주의, 국가주의의 영향으로부터 자유롭지 못했다. 제국주의와 식민주의의 역사가 종말을 고한 뒤에도 새롭게 만들어진 신생국들은 국가를 '제도화'하고, '정통성'을 확립하며, 신생 국민으로서의 '정체성'을 형성하는데 박물관이라는 문화적 상징기구를 활용해왔다. 그래서 수많은 신생국에서 웅장하고 거대한 박물관들이 정부(국가) 주도하에 경쟁적으로 세워졌다. 그리고 그러한 작업은 강력한 지도자가 통치하는 국가에서 더욱 두드러지게 진행되었다. 카자흐스탄의 경우가 그에 해당할 것이다.

카자흐스탄에는 비슷한 명칭의 국립박물관이 두 개 있다. 하나는 1985년에 개관한 원래의 〈국립중앙박물관The Central State Museum of Kazakhstan〉이고, 다른 하나는 2014년 새로운 수도에서 문을 연 〈국립박물관National Museum of Kazakhstan〉이다. 전자는 1929년 카자흐가 구소련의 연방이었던 시절 이래 역사적 수도였던 알마티Almaty에 세워진 국립박물관이고, 후자는 1991년 구소련 붕괴 후 독립한 카자흐스탄이 1997년에 천도한 신新 수도 아스타나Astana에 2014년, 아시아 최고의 박물관을 지향하며 신축한 야심에 찬 박물관이다.

소개에 앞서 수도의 명칭에 대한 부연 설명 또한 필요할 것 같다. 〈아스타나〉로 수도를 옮긴 것이 1997년이었는데, 2019년 30년 넘게 카자흐스탄을 통치해오던 〈누르술탄 나자르바예프Nursultan Nazarbayev〉 대통령이 사임하자 카자흐스탄 의회가 수도의 명칭을, 위대한 지도자를 기리기 위해, 〈누르술탄Nur-sultan〉으로 변경했다. 그러므로 카자흐스탄에는 구수도舊首都 알마티와 신수도新首都 누르술탄에 세계적인 박물관

두 개를 보유하는 나라가 된 셈이다.

　　10여 년 전 카자흐스탄 정부의 초청으로 알마티에 있는 〈국립중앙박물관〉을 방문했다. 1985년 새롭게 지어졌다는 건물은 전시실 면적이 17,500㎡나 되고 소장유물이 20만 점이 넘는 중앙아시아에서 가장 오래되고 가장 큰 박물관이라 했다. 4개로 크게 분류되는 전시실은 선사시대로부터 시작해서 중세와 근대에 이르는 카자흐스탄국가 형성과정을, 그리고 러시아제국 하의 근현대역사 기간을 다룬 후, 마지막으로 1991년 구소련연방으로부터의 독립 이후에 대한 전시로 꾸며져 있었다. 아주 훌륭한 박물관이라는 인상을 받았다.

　　카자흐스탄박물관에서 가장 주목을 받는 전시는 박물관 중앙홀에서 만나는 〈황금왕자전사Golden Prince Warrior〉일 것이다. 1969년 알마티에서 동쪽으로 65km 떨어진 이시크시 계곡에서 BC 4~5세기경 거주한 사카족 것으로 추정되는 60여 개 고분이 발견됐다. 이 고분군을 발굴한 알마티에 있는 카자흐스탄 고고학연구소의 아키세프A. Akishev 교수는 황금 조각을 몸에 두르고 묻혀 있던 한 유구의 존재를 확인했는데, 여기에서 무려 약 4천 점에 이르는 황금 유물이 함께 나왔다. 수천 점의 황금 유물과 함께 매장되어 있고 머리끝에서 발끝까지 금제품으로 장식된 이 미라는 흔히 〈황금 인간〉이라 이름 붙여졌다.

　　이는 고고학적으로 이집트 파라오 〈투탕카멘〉의 황금 마스크 발굴에 버금가는 발견이었기에 이 〈황금 인간〉은 카자흐스탄을 대표하는 하나의 상징이 되었다. 그래서 〈황금 인간〉 관련 유물은 오늘날에도 알마티와 누르술탄에 있는 두 개의 국립박물관에서 모두 핵심적인 전시내용이 되고 있다. 참고로 이 〈황금 인간〉 유물 일부는 2019년 한국의 〈국립중앙박물관〉에서 카자흐스탄특별전으로 초대되어 국내에도 소개되었다. 이 특별전의 개막식에는 대통령 부인이 참석했다. 외국의 정상이 방문하면 그 영부인이 방문하는 곳이 대체로 국립박물관이다. 박물관에서 행해지는 많은 일이 정치적인 상징성을 갖기 때문일 것이다.

2011년 내가 방문했던 알마티의 〈국립중앙박물관〉에서는 중앙홀에 〈황금 인간〉 모형을 화려한 금장식 옷을 입혀 전시해 놓음으로써 박물관에 막 들어서는 방문객들이 주목하도록 만들어놓았고, 금속공예품들은 따로 보안 시설이 더욱 강화된 방을 마련하여 입장료를 다시한 번 더 내야만 들어가서 관람을 할 수 있었다. 카자흐스탄당국이 얼마나 그 유물들을 중요시하고 있었는지를 가늠해볼 수 있는 대목이다. 그러나 이제 〈누르술탄〉에 새롭게 문을 연 박물관에서는 더 현대적인 시설, 장비, 기법을 사용하는 전시가 마련되었을 것이니 많은 변화가 있었으리라 생각한다.

나는 아직 누르술탄Nur-sultan에 건립된 〈카자흐스탄 국립박물관〉에 가보질 못했다. 알고 있는 사실은 인구 30만 명이 안 되던 작은 도시 아스타나Astana는 1997년 새로운 수도로 결정된 뒤 빠른 속도로 새로운 카자흐스탄의 미래를 보여주는 상징도시로 주목받았다는 점이다. 풍부한 경제력을 갖춘 카자흐스탄 정부가 일본인 도시계획전문가에 의뢰하여 〈계획도시 안案〉을 마련하고 무서운 속도로 계획을 추진한 결과, 인구 116만 명의 카자흐스탄 최대도시인 알마티Almaty 다음의 인구 113만 명의 대도시로 급성장하였다.

작년 3월 다시 도시 이름을 〈누르술탄〉으로 바꾼 이 도시는 거대하고 웅장한 관공서들과 초현대적인 빌딩, 그리고 다양한 공공목적의 멋진 건축물들이 짜임새 있게 배치되어 국민적 긍지와 자랑으로 자리

잡았다.

새로운 박물관도 그러한 구도의 한 부분이다. 사진으로만 접한 새 박물관은 전시내용은 알마티의 국립중앙박물관과 유사한 형식이지만, 건물이 미래지향적이고 현대적인 디자인의 웅장한 규모이다. 건물 앞 넓은 광장에 세워진 조형물도 국가를 상징하는 의미가 묵직하게 느껴진다. 이러한 대규모 국가적 사업은 카자흐스탄이 구소련에서 독립한 이후 새롭게 수도를 옮기고 미래 지향적인 계획도시를 건설하는 거대 프로젝트의 일환이었음을 말해주는 것이다.

카자흐스탄은 독립 후 석유를 포함한 풍부한 천연자원으로 말미암아 괄목할만한 경제성장을 이루어왔다. 그래서, 또 하나의 박물관을 뻗어나가는 수도에 건립하는 일은 독립을 쟁취한 카자흐스탄이 높아진 국가적 위상을 만방에 과시하고, 진취적 정체성과 새로운 비전을 제시하는 훌륭한 수단이 된다. 새로운 비전을 담은 박물관의 건립은 또한 정치적으로 중요한 상징자산을 늘리는 일이기도 하다. 왜냐하면, 새로운 박물관은 세심한 기획을 통해 과거 30여 년의 통치로 획득한 국부國父의 위상이 자연스럽게 표현되고, 기억되며, 추앙되는 공간祠堂의 역할도 해 낼 수 있기 때문이다. 박물관의 현대사 공간에 마련된 전시물이나 그림, 동상 등등이 그러할 것이기에.

도시명을 누르술탄으로 바꾼 신新수도에 건립된 〈국립박물관〉에 〈누르술탄 나자르바예프〉 대통령의 동상이 들어서 있다는 신문 기사와 사진을 보면서, 역사란 언제나 '현재'에 쓰인다는 결론에 도달한다. 그래서 역사는 항상 새롭게 쓰이는 것이리라. 근래 우리에게 부쩍 익숙해진 낱말 '역사전쟁'이 뇌리를 스친다.

박물관장과 함께 / 황금인간

문화에 중앙은 없다

아다치 미술 박물관(Adachi Museum of Art)

24

미술관 전경 입구에서 모는 건물은 너무 평범하다.

1984년 일본의 변방 구석진 시골에서 우연히 마주쳤던 〈아다치 미술
관足立美術館〉은 나에게 '지역문화'와 '지역 활성화'에 관한 관심을 불러일
으키고, 동시에 박물관이나 미술관을 새로운 시각으로 바라보게 만든
계기가 되었다.

　　1984년 여름, 나는 일본 어촌漁村의 인류학적 조사를 위해 일본에
서의 현지 조사에 참여했다. 연구팀이 선정한 지역은 일본 혼슈의 서남
부 외진 곳인 시마네현島根県과 돗토리현鳥取県으로, 그 두 현県에서 몇
개의 어촌마을을 다니며 2주 동안 자료를 수집했다.

지금은 한국인들의 일본 여행도 잦고, 교통편도 많이 좋아졌지만, 그때만 해도 일본 시골 지역에 대한 정보를 쉽게 얻을 수 없었다. 그 당시에는 시마네현 부근으로 가는 항공편이 없었고, 신칸센 같은 편리한 교통수단도 없었기에, 먼저 후쿠오카로 가서, 다시 하카타역에서 혼슈의 서남부지역을 이어주는 낡은 철로를 따라 느리게 움직이는 열차를 타고 한나절을 달려, 시마네현 마쓰에시島根県松江市에 여장을 풀었다.

　　나는 주로 인근 돗토리현 의 사카이미나토항구境港市 지역의 어촌 마을에서 인류학 조사에 임했는데, 인류학 조사가 끝나 갈 무렵, 주변 지역에서 가서 볼만한 곳을 찾다가 별생각 없이 우연히 들린 곳이 시마네현 야스기시安来市에 위치한 아다치 미술관이었다.

　　(아래 사진은 필자가 이른 아침 사카이미나토의 부둣가에서 주민들의 작업 현장을 관찰하는 모습이다. 한국의 어촌풍경과 너무 닮았다.)

일본어부의 선상작업 관찰
사카이미나토의 부두에서 참여관찰

별생각 없이 찾아간 아다치 미술관은 입구에서의 모습이 대단치 않은 그저 작은 시골 미술관처럼 보였다. 그러나 입구에 들어서자... 전개되는 광경은 이곳이 예사로운 미술관이 아님을 금세 깨닫게 해주었다.

'이런 시골구석에 이렇게 훌륭한 미술관이 있다니!',... 모든 사회·문화적 자원의 서울집중과 지방문화의 사막화에 익숙해져 있던 당시의 나에게는 참으로 신선한 충격이었다. 한 마디로, 문화에는 중심과 주변의 구분이 무의미하다는 사실을 새삼 깨닫게 된 것이 84년 여름 〈아다치 미술관〉에서 덤처럼 얻은 작은 수확이었다.

아다치 미술관은 단순한 미술관이 아니라, 아름다운 일본식 정원의 한 가운데에 미술관을 배치함으로써, '독창적인 일본화日本畵'를 '일본 문화의 정수인 일본 정원日本 庭園'과 함께 감상하고 느끼도록 설계한, 다시 말해, 일본이기에 가능한 〈일본적인 미술관〉이라는 점에서 매우 독특하고 유일한 미술관이라 칭할 만하다. 일본의 정원은 한국의 정원과는 달리 거리를 두고 관조觀照하는 정원이기에 근대 일본화의 대표작을 감상하는 미술관의 건축적 환경으로 일본식 정원을 접목한다는 발상은 참으로 탁월하다 아니할 수 없다.

아다치 미술관에 입장하면 아름다운 다섯 개의 정원은 미술 작품을 감상하는 사이사이에 오직 미술관 건물의 창을 통해서만 저 멀리 바라볼 수 있게 된다. 그런데 나에게는 〈창에 비친 정원의 풍경〉이 곧 〈한 폭의 아름다운 작품〉으로 다가왔다. 밖의 풍경이 마치 한 폭의 그림처럼 보이도록 배려한 전시 콘셉트가 무척이나 인상적이었다.

미술관 창을 통해 관조하는 바깥 풍경은 구도가 잘 잡힌 한 폭의 거대한 진경산수眞景山水이다. 그리고 이 산수화는 계절에 따라 변하여,

박물관 내부에서 바라다 보이는 일본식 정원

봄에는 아름다운 꽃, 여름에는 초록의 신록, 가을에는 화려한 단풍, 겨울에는 설국의 멋을 연출할 것이다. 더욱더 놀라운 사실은 정원 중의 하나인 백사청송정白沙青松庭은 아다치 미술관이 자랑하는 일본식 회화 사조의 창시자인 요코야마 다이칸橫山大觀의 작품을 반영하여 조성한 정원이라 하니 그 세심한 구상에 감탄하게 된다.

아다치 미술관足立美術館은 일본 시마네현에서 가난한 농부의 아들로 태어난 아다치 젠코足立全康(1899-1990)가 기업가로 성공한 후 평생 수집한 근대 일본화와 도예, 조각 등의 컬렉션을 전시하기 위하여 1970년 자신의 고향인 시마네島根현의 야스기시安米市에 건립한 사설미술관이다.

마치 창을 통해 그림을 관람하는 기분이다.

아다치 젠코는 특히 일본 근대 화단의 거장 요코야마 다이칸橫山大観 (1868~1958)의 작품을 집중적으로 수집했는데, 이를 지켜본 같은 시마네현 출신의 다케시타 노보루竹下登(1924~2000) 전 총리가 아다치 젠코에게 일본식 정원과 일본화를 조화시킨 미술관을 만들어보라고 권유했다고 한다. 다케시타 전 수상의 권유를 받아들인 아다치는 16만5,289㎡(약 5만 평)의 부지에 일본문화의 정수를 관람객들이 자연스럽게 체감할 수 있는 매우 독창적인 미술관을 만들기 위해 일본식 정원을 미술관의 개념에 융합시켰다.

액자의 역할을 하는 창문

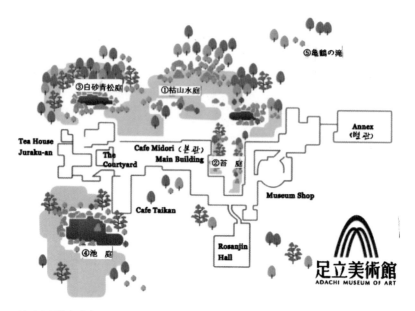

미술관과 정원의 배치도

　　아다치 미술관은 일본 근대 최고의 화가 요코야마 다이칸을 비롯한 다케우치 세이호竹内栖鳳(1864~1942), 가와이 교쿠도川合玉堂(1873~1957), 우에무라 쇼엔上村松園(1875~1949), 하시모토 간세쓰橋本関雪(1883~1945)의 그림과 기타오지 로산진北大路魯山人, 가와이 간지로河井寛次郎의 도예 작품 등 약 1,300여 점에 달하는 컬렉션으로 유명하다는데, 그 중의 가장 유명한 컬렉션은 130여 점에 이르는 요코야마 다이칸의 작품으로 특별전시실이 마련되어있었다. 일본화日本畵에 문외한인 내가 아다치 미술관의 소장품에 대한 평을 할 자격이 없지만, 유럽의 인상파 화가들에게도 큰 영향을 미친 일본문화의 독창성은 인정해야 하지 않을까? 시가時價 100억 원이 넘는다는 요코야마 다이칸의 대표작 〈홍엽紅葉〉은 그 화려하고 섬세한 화풍이 보는 이로 하여금 감탄을 자아내게 했다.

요코야마 다이칸의 대표작 홍엽 실물을 보면 그 크기와 색감은 보는이를 압도하는 그 무엇이 있다.

이렇게, 일본의 근·현대 회화 중 미술사美術史적 가치가 지대한 작품들이 아다치 미술관에 압도적으로 많아서, 일본의 근현대회화를 연구하려면 시골인 이곳 야스기 시市로 와야 한다는 미술관 관계자의 다소 과장 섞인 말이 더없이 좋게 들렸다.

뜻밖의 장소에서 무심코 들렸던, 그러나 오랫동안 기억 속에 남아 있는 미술관은 내가 살아가면서 때때로 만나는 행운 같은 것! 그래서 여기 기록을 남긴다.

'돌아온 탕자'를
만나러 떠난 여행

에르미타주 국립박물관
(The State Hermitage Museum, Государственный Эрмитаж)

25

러시아 문화 기행文化紀行은 아무래도 모스크바보다는 상트페테르부르크가 제격이다. 러시아제국의 표트르 대제Peter the Great(Пётр I Великий)가 1703년 설립한 이 도시는 1713년부터 1918년까지 200년 동안 러시아제국의 수도였기에 러시아 문예 부흥의 자취를 가장 많이 간직하고 있는 도시이기 때문이다. 18세기 당시 유럽 변방의 슬라브국가였던 러시아를 유럽의 일원으로 자리매김하기 위해 표트르 1세는 선진 유럽의 기독교 문명수용에 적극적이었고, 그러한 배경하에 그는 사도 베드로Saint Peter의 이름을 따서 새로운 도시(Санкт-Петербург, Saint Petersburg, 상트페테르부르크)를 건설했다.

내가 상트페테르부르크를 러시아 최고의 문화도시로 꼽는 이유는 도시 전체가 유네스코UNESCO 문화유산에 등재될 정도로 역사 문화적 자산이 풍부하기도 하지만, 오직 하나의 이유를 들라 한다면 에르미타주 국립박물관이 있기 때문이다.

1764년 독일태생 예카테리나 대제Catherine the Great(Екатерина II Великая)는 당시 영국과 프랑스 등 선진 유럽의 귀족 사회에서는 미술품을 수집하여 전시 보관하는 것이 보편화한 데 반해 러시아에는 박물관은 커녕 개인 화랑조차 없는 사정을 개선하고자 유럽으로부터 다양한 미술품을 사들이기 시작하였다. 예카테리나 대제가 미술관 컬렉션의 기초를 마련하면서 시작된 에르미타주 화랑은 그 후 꾸준히 미술품의 구매가 이루어져 1852년부터는 일반에 공개되기 시작했으며, 1917년 10월 혁명 후, 귀족들로부터 몰수된 수많은 미술품이 유입되어 컬렉션의 규모가 세계 최대를 자랑하게 되었다. 1922년부터 〈국립 에르미타주 박물관〉으로 명명된 이곳은 역대 황제의 거처이자 바로크 양식의 대표적인 러시아 건축물인 〈겨울 궁전Winter Palace(Зимний дворец)〉을 본관

에르미타주 국립박물관 전경

으로 하고, 이어서 소 에르미타주, 구 에르미타주, 신 에르미타주, 에르
미타주 극장, 예비 보관소Reserve House 등 6개의 건물이 통로로 연결된
거대한 박물관으로 발전하여 이제는 1,050개의 전시실과 300만 점의
소장품을 보유한 세계 최대박물관 중 하나이다. 소장품은 레오나르도
다빈치, 미켈란젤로, 라파엘로, 고갱, 고흐, 르누아르, 피카소, 마티스
등의 명화에서부터, 이탈리아 등지에서 들여온 조각품들과 이집트의
미라, 그리스, 인도, 중국, 스키타이 유물, 근대의 병기에 이르는 고고
학적 역사적 유물, 그리고 제정러시아의 왕관, 보석, 화폐와 메달, 장신
구, 의상 등을 망라하고 있다.

회화 전시실
장식 공예품 등의 전시실

우리 교회에서
보는
탕자의 귀환

렘브란트의
실물을
마주하다

에르미타주 박물관은 전 세계에서 마티스Henri Matisse의 작품을 가장 많이 보유한 곳이고, 특히 내가 좋아하는 렘브란트Rembrandt Harmenszoon van Rijn(1606~1669)의 컬렉션은 서른아홉 점에 달해 그의 조국 네덜란드를 제하면 규모와 수준에서 세계 최고를 자랑한다. 렘브란트의 작품 중에는 〈돌아온 탕자〉, 〈이삭의 희생〉, 〈십자가에서 내려지는 그리스도〉와 같은 불후의 명작들이 포함되어있고, 그에 더해 렘브란트의 작품이 있는 17세기 바로크 미술전시실에는 카라바조, 무리요, 엘그레코, 루벤스, 반다이크 등의 작품들을 함께 만나는 기쁨이 기다린다.

내가 다니는 교회 본당으로 올라가는 계단의 벽에는 렘브란트의 〈돌아온 탕자〉의 그림이 걸려있다. 나는 일요일 아침 계단을 걸어 올라가며 마주하게 되는 탕자의 귀환을 응시할 때마다 내가 바로 그 탕자일지 모른다고 생각을 하곤 했다. 누가복음 15장의 이야기를 담은 렘브란

트의 이 그림은 방탕한 아들이 집에 돌아와 무릎을
꿇는 순간, 아버지가 아들의 잘못을 묻지 않고 따뜻
한 품으로 안아주는 장면을 묘사하고 있다. 방황하
던 아들이 〈집으로 돌아온 것〉이다. 아버지의 사랑
으로 표현되는 기독교 교리의 핵심을 한 장의 화폭
에 담아낸 렘브란트의 이 작품은 그의 마지막 작품
이었다 한다. 아마도 여러 시련을 겪으며 힘든 말년
을 보낸 렘브란트가 죽음을 앞두고 사랑과 용서가
기다리는 그의 '정신적 집으로 돌아가는 염원'을 성
경의 이야기를 빌려 말하려 했던 게 아닌가 추측을

신이 주신 최고의 걸작

해본다. 그러한 그림을... 매주 일요일 교회에서 마
주치게 되면서 나의 무의식 안에 자리를 잡게 된 〈탕자의 귀환〉은,
그래서, 에르미타주를 내가 꼭 가보아야 할 이유가 되었다. 그림을
보러 가는 것이 나에게도 '집으로 가는 길'이었는지 모른다.

　　에르미타주 박물관의 작품들을 음미하려면 얼마나 많은 시간이
필요할지 가늠을 할 수 없다는 표현이 맞을 것이다. 나름 여러 시간
둘러보면서 반드시 다시 한 번 시간을 내어 오리라는 다짐을 했다.
한참을 돌아다니던 중 바닥에 쪼그려 앉아 나를 빤히 쳐다보는 귀여운
아이를 만났다. 문득. 아마도 오늘 본 작품 중에서 최고의 걸작이 이
아이라는 생각이 들었다.

한국인의 이름이 새겨진 박물관

샌프란시스코 아시아 미술박물관
(Asian Art Museum of San Francisco
- Chong-Moon Lee Center for Asian Art and Culture)

26

미국의 동양 미술 전문 박물관 중에서 가장 큰 규모를 자랑하는 〈샌프란시스코 아시아 미술박물관Asian Art Museum of San Francisco〉은 그 건물의 명칭이 한국인의 이름이 들어간 〈Chong-Moon Lee Center for Asian Art and Culture〉라는 점에서 특별하다. 이는 샌프란시스코 아시아 미술박물관이 그만큼 한국문화를 비중 있게 다루는 박물관임을 말해준다.

　〈샌프란시스코 아시아 미술박물관〉은 1989년 미국 박물관 최초로 한국 미술부를 설치하여 한국미술 전담 큐레이터를 두었고, 1991년에는 독립된 한국실을 개설하였다. 참고로 뉴욕 메트로폴리탄박물관에는 삼성 문화재단과 국제교류재단의 지원을 받아 1998년에야 한국실이 만들어졌다. 이렇게 선도적으로 미국에서 한국의 문화를 알리는 데 앞장서 온 박물관이었기에 〈샌프란시스코 아시아 미술박물관〉은 미국의 교민사회에서 깊은 관심의 대상이 되어왔다.

　샌프란시스코 아시아 미술박물관은 기업인이자 IOC 위원장을 지낸 에버리 브런디지Avery Brundage가 소장품을 기증하여 1966년 〈아시아 미술센터〉로 출범했는데, 소장품의 규모가 계속 커짐에 따라 1990년대 초 미술관 재단과 샌프란시스코 시市가 시립도서관 건물을 개조하여 새롭게 〈샌프란시스코 아시아 미술박물관〉으로 재탄생시키는 계획을 추진하였다. 이 과정에서 1995년, 실리콘밸리의 한국계 기업가 이종문 회장이 독립된 한국관을 운영하는 미술관에 거금 1,500만 달러를 기부함으로써 〈Chong-Moon Lee Center for Asian Art and Culture〉로 그의 이름이 정식 기관명에 더해지게 되었다. 현재 이곳에는 한국의 회화, 조각, 도자, 직물, 금속공예, 목공예 등 800여 점의 유물을 소장하고 있으며 특히 고려청자, 삼국 시대와 통일 신라 시대 토기 등이 그 가치를 인정받고 있다.

샌프란시스코 아시아 미술박물관 / 〈이종문 아시아 미술/문화 센터〉 글자가 선명하다.
한국실 / 고려자기 / 박물관은 연구자에게는 연구실이 된다.

박물관은 어찌 보면 〈문화 외교〉의 장소이다. 샌프란시스코 아시아 미술관의 전시는 남아시아와 동남아시아를 포함하는 광대한 지역을 다루고 있지만, 역시 우리는 아무래도 동아시아, 즉 한국, 중국, 일본 관련 전시에 관심을 두게 된다. 2008년 내가 큰 기대를 안고 샌프란시스코 아시아 미술박물관을 방문했을 때에는 중국과 일본의 특별전이 경쟁적으로 성황리에 열리고 있었다. 특히 일본의 전시는 일본의 전통화傳統畫 중에서 에로틱한 작품들을 선정하여 상당한 반향을 불러일으키고 있었기에 한국의 전시가 상대적으로 주목을 받지 못하는 것 같아 안타까웠다. 한국실의 전시가 대중에게 사랑을 받기 위해서는 전시품 자체도 중요하지만, 그에 대한 스토리텔링이 병행되어야 하고, 동시에 전시 공간에 대한 세심한 배려 또한 필요한 것이다. 그러한 점에서 한국실의 전시는 지나치게 정적이고 전통적인 모습 그대로라는 느낌을 받았다. 그동안 외국 박물관을 다녀보면 한국실의 전시가 대체로 도자기에 치중되어있는데 앞으로 이에 대한 보완이 필요하다는 생각을 한 지 오래되었다. 특별전의 기획, 지역 예술학교와의 연계프로그램 개발, 어린이 참여프로그램 강화 등…. 참으로 해외박물관의 한국전시도 이제 더 역동적 활동과 병행하며 변모해야 한다.

샌프란시스코 아시아 미술박물관에서 특히 눈에 띄었던 활동은 수많은 어린이가 참여하는 교육 프로그램들이었다. 예컨대 일본의 종이 공예 프로그램은 참가자들의 숫자와 열정이 대단해 보였다.

중국특별전 광고 배너 / 일본특별전 광고 배너
1층 메인 로비에 드리워진 일본특별전 배너 / 일본특별전은 호기심을 자극한다 / 일본복장의 자원봉사 안내자
삼성이 만들어준 강당 / 삼성홀의 다양한 행사 안내 / 삼성홀에서의 어린이 프로그램

어느 인류학자의 박물관 이야기

그런데 그러한 활동이 이루어지는 공간의 명칭이 〈삼성홀〉이었다. 역시 박물관에서의 외교는 끊임없는 아이디어의 경쟁으로 지속적인 연구와 노력이 필요함을 새삼 느꼈다. 나오는 길에 들린 기념품 가게에서도 일본과 중국 관련 상품이 대부분이었고 한국 상품은 거의 없어 아쉬웠고...

지난 몇 년간 미국 박물관의 한국실들이 하나둘 문을 닫는다는 소식이 들려왔다. 2017년 스미스소니언 산하 자연사박물관이, 그리고 2019년에는 로스앤젤레스 카운티 미술관 한국관의 잠정적 폐쇄가 이루어졌다. 〈한국문화의 세계를 향한 창구〉 기능을 담당해야 할 박물관의 한국관들이, K-Pop과 K-방역을 자랑하는 다른 한편에서, 문을 닫는다는 것은 무언가 크게 잘못되고 있다는 신호가 아닐는지? 해외박물관 관계자들이 전하는 바에 따르면 한국의 전통적 예술품은 지나치게 엄격한 문화재보호법 때문에 합법적으로도 구매하기가 어렵다고 한다. 그러기 때문에 중국과 일본에 비하면 한국실의 전시 품목은 확장이나 변화를 가져오기 힘들다는 것이다. 이참에 관련 제도의 개선이나, 우리 박물관들이 소장하고 있는 훌륭한 예술품들을 외국의 박물관들과 교류 · 전시하는 사업 등에 관한 논의가 더욱 활발히 이루어지기를 바란다.

네덜란드에는
'중앙박물관'이 없다

네덜란드의 레익스박물관(Rijksmuseum)

27

암스테르담에 있는 〈레익스뮤지엄Rijksmuseum〉은 우리나라의 〈국립중앙박물관〉에 해당하는 네덜란드를 대표하는 국립박물관이다. 'Rijks'는 영어로 'royal'을 뜻한다니 직역하면 〈왕립박물관〉이다.

레익스뮤지엄의 역사는 200년을 훌쩍 거슬러 올라간다. 1800년 헤이그에서 설립돼 8년 뒤 암스테르담으로 옮겨왔으며, 1885년 나폴레옹 1세의 동생이자 네덜란드를 지배했던 루이 1세 때 새 건물을 지어 현재의 위치로 이전했다. 유럽국가에서 대부분 국립박물관이 프랑스혁명을 기점으로 왕궁이나 공공건물이 박물관으로 탈바꿈한 경우가 많은데, 레익스뮤지엄(레익스 박물관)은 공모를 통해 선정된 네덜란드 건축가 Pierre Cuypers 에 의해 박물관 용도로 디자인되어 1885년 대중에게 선을 보였다. 19세기에 이미 시민 참여적인 공모를 거쳐 박물관 건축물로 설계되어 지어진 레익스 박물관은 그런 점에서 박물관 역사상 의미 있는 위치를 차지하는 문화적 장소이다.

박물관 광장   왼쪽이 시립박물관, 가운데가 고흐박물관이다. 그리고 저 뒤쪽으로 레익스 박물관이 보인다.

신 고딕양식의 박물관 입구에서

유럽의 작은 나라 네덜란드는 천 개가 넘는 박물관을 보유한 박물관 강국이다. 따라서 곳곳에 국가가 세운 국립박물관들이 있다. 내가 수도 암스테르담을 벗어나 둘러본 작은 도시 레이던이나 헤이그에도 국립박물관들이 있었다. 그래서 수도 암스테르담에 있는 가장 오래되고 거대한 국립 레익스뮤지엄을 우리처럼 국립중앙박물관이라 부를 만도 하다고 생각했다. 그러나 다른 한편으로 군이 〈중앙〉박물관이라는 명칭을 사용하는 우리의 관행이 과연 바람직한지 의문이 들었다. 〈중앙〉은 〈지방〉에 대한 대칭적 개념이어서 지방에 대한 우월적 지위를 암시한다. 문화의 영역에서까지 중앙-지방을 구분하는 사고방식은 아마도 한국의 오랜 중앙지배의 산물이었을 것이다.

동양의 이웃 국가들을 살펴보면 박물관의 명칭에서 중앙과 지방을 구분하는 곳은 없다. 우리의 〈국립중앙박물관〉에 해당하는 대표적인 국립박물관을 중국은 중국국가박물관中国国家博物馆, 일본은 동경국립박물관東京国立博物館, 대만은 국립고궁박물원國立故宮博物院과 국립대만박물관國立台灣博物館으로 부르고 있다. 인터넷검색을 하니 한국의 〈국립중앙박물관〉을 영어로는 〈National Museum of Korea〉로 해 놓았다. 국내용과 국외용이 다른 이유는 영어로 〈중앙〉이라는 표현을 하기가 민망해서였을까? '문화의 민주화'라는 개념이 등장한 이 시대에 이제라도 낡은 구습에서 벗어나 '중앙'이라는 딱지를 떼어냈으면 하는 바람이다.

2019년 네덜란드의 Leiden 대학에서 열린 아시아 연구자들의 학술모임에 참가하면서 내가 꼭 방문하고 싶었던 박물관은 반 고흐 박물관Van Gogh Museum이었다. 학술대회 참가 절차와 호텔 예약에 다소 시간이 걸렸기 때문에 출발 2주 전쯤 인터넷으로 고흐 박물관 입장권 예매를 시도했는데 안타깝게도 매진으로 표를 구할 수 없었다. 여름방학 같은 성수기에는 세계 각지에서 몰려오는 관람객 때문에 한, 두 달 전 예약이 필수라는 사실을 늦게 알았다. 참으로 반 고흐 같은 예술가 한 사람이 네덜란드라는 나라에 얼마나 큰 도움을 주고 있는가를 새삼 느꼈다.

　　레익스 박물관은 암스테르담의 뮤지엄플레인Museumplein - 네덜란드어로 '박물관 광장' - 이라 불리는 넉넉한 문화적 보금자리에 둥지를 틀고 있었다. 이 박물관 광장에는 레익스 박물관Rijksmuseum 외에 현대미술 위주의 암스테르담 시립미술관인 〈스테델라익 박물관Stedelijk Museum Amsterdam〉과 내가 가고 싶었던 〈반 고흐 박물관Van Gogh Museum〉, 그리고 암스테르담 콘세르트헤바우 관현악단Concertgebouworkest Amsterdam의 전용공연장인 〈콘세르트허바우Concertgebouw〉가 모여있어 암스테르담을 방문하는 예술 애호가들이 편안하게 즐기고 배우는 이상적 문화 생태계를 제공한다.

　　레익스 박물관은 총면적이 축구장 12개 크기에 해당하는 4만4500㎡로 규모가 생각보다 매우 크고 아름다운 건축물이었다. 건물을 둘러보며 특히 인상에 남았던 공간은 19세기 풍의 오래된 도서실로, 세계에서 가장 멋진 도서관이라는 수식어가 붙어있었다. 소장품과 전시품의 측면에서 레익스 박물관Rijks Museum은 5,000여 점에 달하는 풍부한 네덜란드 회화 컬렉션으로 유명하다. 박물관의 2층에는 17세기 네덜란드 미술의 거장 렘브란트, 베르메르, 프란스 할스 외에도 무수한 네덜란드

출신 화가들의 걸작이 관람객을 맞는다. 그 유명한 렘브란트^{Rembrandt Harmenszoon van Rijn}의 〈야간 순찰^{Night Watch}〉(1642)과 내가 좋아하는 요하네스 베르메르^{Johannes Vermeer}의 〈우유따르는 여인^{The Milkmaid}〉(1658)을 실물로 감상하는 즐거움에 더해, 중국 영향을 받아 17세기 이후 발전시킨 네덜란드 특유의 델프트^{Delft} 도자기 명품들, 그리고 무역 강국의 면모를 보여주는 선박 모형 전시와 인도네시아의 민속풍 그림과 조각 등, 여타의 유럽박물관에서 맛볼 수 없는 즐거움을 경험했다.

델프트도자기전시 / 선박모형전시관

박물관 입구의 중앙홀
저 멀리 렘브란트의 대표작 '야간순찰'이 보인다.
베르베르의 작품 앞에는 항상 사람들이 넘친다.
아름다운 미술사 전문 도서관

175

레익스 박물관은 2013년 10년에 걸친 대대적인 재단장을 마무리하면서 동양미술품만을 모아 전시하는 〈아시안 파빌리온ASIAN PAVILION〉을 새롭게 개장했다. 문화 외교의 관점에서 우리가 관심을 두고 살펴볼 필요가 있는 공간이 아닐 수 없다. 파빌리온을 둘러보며 여기서도 한국 전시는 존재감이 없다는 사실에 큰 아쉬움이 남았다. 다만 한 가지 깊은 생각을 해보는 현장이 되었다는 점에 나름의 의미를 부여해본다.

본관 건물에서 하얀 대리석의 아시안 파빌리온으로 진입하는 관람객은 긴 복도 끝 진열대에 나래를 펴고 있는 화려한 기모노를 바라보며 걸어가야 한다. 이곳이 동양의 미술 세계로 들어서는 경계임을 알리는 공간에서 관람객을 맞이하는 화려한 기모노가 가져다줄 역하지각閾下知覺(subliminal perception)의 효과를 생각하니… 참으로 효율적이고 경제적인 문화 외교의 방법임에 감탄했다. 만일 그 장소에 우리의 아름다운 한복이 전시되어 있었다면 어떠했을까? 큰돈도 들지 않고 문화재 반출의 걱정도 없이 한국의 이미지를 무의식적으로 각인시키는 시도가 되지 않았을까? 창의적인 발상과 새로운 시도가 추구되는 해외박물관의 한국문화전시를 항상 기대한다.

아시아 파빌리온으로 들어가는 입구에서 화려한 일본의 기모노가 관람객을 맞는다.
네덜란드의 식민지였던 인도네시아 전시실
아시아 전시관
박물관 곳곳의 창이 수려한 스테인드글라스로 꾸며져 있다.

하느님의 섭리로 푸는
인간의 역사

장소의 의미가 각별한 〈바티칸 박물관〉
(Musei Vaticani, Vatican Museums)

28

〈바티칸 박물관〉은 베드로가 묻혔던 공동묘지 터에 세워졌다는 점에서 장소가 갖는 역사적 의미가 각별하다.

"Quo vadis, Domine?" 로마의 박해를 피해 도피의 길을 가던 베드로 앞에 나타난 예수님께 베드로가 묻는 말이다. "주여, 어디로 가시나이까?" 예수님의 대답은 "십자가에 다시 못 박히러 로마로 간다 Venio Romam iterum crucifigi."였다. 베드로는 뉘우치는 마음으로 오던 길을 되돌아가 로마에서 순교의 길을 택했다(베드로 행전(Acta Petri) 35장). 그의 시체는 버려지듯 공동묘지에 매장되었는데, 기독교가 공인된 이후인 4세기, 콘스탄티누스 1세 시대에 베드로의 무덤이 있다고 믿어지는 곳에 그를 기리는 대성당Saint Peter's Basilica이 건축되었다.

갈릴리호수의 어부였던 베드로의 본명은 '시몬'이었는데, 그리스어로 '바위'를 뜻하는 '페트라Petra'에서 유래한 '베드로'로 불리게 된 것은 예수가 베드로에게 한 말에서 기인한다. "내가 네게 이르노니, 너는 베드로라. 내가 이 반석 위에 내 교회를 세우리니, 음부의 권세가 이기지 못하리라"(마태복음 16장 18절). 마태복음에 기록된 예수님의 말씀대로 300여 년 뒤 베드로라는 '반석' 위에 실제로 교회가 세워져 역사가 되었다. 그래서 베드로로 상징되는 바티칸은 기독교도들이 '하나님의 역사하심'을 확인하는 장소로서의 의미를 부여받았다.

오늘날 로마를 방문하는 관광객의 필수 코스가 바티칸이라는데 이견이 없을 것 같다. 로마 안의 작은 국가 바티칸에는 성 베드로 대성당(또는 바티칸 대성당(Basilica Vaticana))이 있고, 그에 못지않게 중요한 바티칸박물관이 있다. 그런데 바티칸박물관의 공식 명칭은 특이하게 〈Musei Vaticani〉(Vatican Museums)라 하여 단수 Museo(Museum)가 아닌 복수 Musei(Museums)를 쓴다. 이는 바티칸박물관이 여러 개의 독립적 성격을

갖는 박물관들로 구성되어 있음을 뜻한다. 이는 1505년 교황 율리오 2세가 옛 건물을 헐고 그 자리에 새 성당을 짓기로 하여 대역사가 시작된 뒤, 교황 21명이 재위한 120년 동안 계속된 건설공사의 과정에서 새로운 박물관들이 바티칸 대성당에 잇대어 만들어졌기 때문이다.

다수의 교황은 단순히 거대한 성당의 건축에 만족하지 않고 영원히 기억될 예술적 가치를 더하는 일에 엄청난 노력을 기울였다. 그 이유는 쇠락해가던 당대의 교황청이 옛 로마제국의 권위를 되살려 교황의 영향력을 유지하고자 했기 때문이었다. 이 과정에서 르네상스 및 바로크 시대 최고의 예술가와 건축가들이 동원됨으로써 결과적으로 바티칸 전체가 찬란한 문화적 유산의 보고로 재탄생했다. 다만 오랜 기간에 걸쳐 투입된 천문학적인 공사비를 충당하기 위해 일부 지역 교구에서 성직聖職 매관매직과 면죄부 판매와 같은 부패가 발생하여 종교개혁의 빌미를 제공하는 부작용도 생겨났다. 어찌 보면 바티칸 박물관이 보여주는 찬란한 문화적 유산은 종교의 세속화라는 대가를 치르며 일궈낸 사탄의 유혹 같은 것일는지 모른다.

박물관 안의 중정에서 본 박물관 전경   일명 소나무정원이라 부른다.

바티칸 박물관의 시작은 1506년으로 거슬러 올라간다. 1506년 1월 14일, 로마의 산타 마리아 마조레 대성전 인근의 포도밭에서 그리스 신화에 나오는 트로이의 성직자 '라오콘'을 묘사한 로마 시대의 조각상이 발견되었다. 이 특별한 조각작품에 매료된 교황 율리오 2세는 그 조각상을 바티칸에서 진열하여 대중이 볼 수 있게 하였는데 이것이 바티칸 박물관의 시작이었다. 기원전 1세기 중엽에 만들어진 이 조각상은 〈라오콘군상〉이라는 이름을 달고 현재에도, 1771년 교황 클레멘트 14세(재위 기간 1769-1774)에 의해 설립되고 그 후임자인 교황 비오 6세(1775-1779)에 의해 확장된, 〈피오 - 클레멘티노 박물관Museo Pio-Clementino〉의 입구에서 관람객을 맞이한다.

〈피오-크레멘티노 박물관〉이 바티칸의 가장 훌륭한 조각상들을 전시하기 위해 18세기에 마련한 공간이라면, 교황 비오 7세가 자신의 속명을 사용하여 명명한 〈키아라몬티 박물관Museo Chiaramonti〉은 교회 성물聖物과 조각작품들의 전시를 위해 19세기 초인 1822년에 기존 건물의 증축형식으로 확보한 박물관이다.

라오콘군상 / 입장을 기다리는 긴 줄 / 소나무정원 안의 조각상 앞에서
피오-클레멘티노 박물관 내부 / 성 베드로 대성덩으로 이어지는 긴 회랑식 전시공간 / 지도의 방
미켈란젤로의 천장그림 '천지창조'에서 아담의 탄생

또한, 교황 그레고리 16세는 1829년에 교황청이 보유한 고대 이집트와 중동유물의 전시 보관을 목적으로 〈그레고리우스 이집트 박물관 Museo Gregoriano Egizio〉을 만들었다.

바티칸에서는 20세기에 들어서도 새로운 박물관들이 설립되었는데, 1926년에 문을 연 〈선교 민족학 박물관Museo missionario-etnologico〉은 해외에서 활동한 선교사들이 수집한 민족학적 유물들이 많이 늘어나자 1973년 교황 바오로 6세의 명으로 현 위치에 건물을 지어 새로이 개관했다.

가장 최근에는 교황청이 수집한 로댕, 고흐, 고갱, 칸딘스키, 샤갈, 달리, 피카소 같은 현대미술의 거장들이 남긴 종교적 작품을 전시하기 위해 바티칸 박물관 산하에 〈현대 종교 미술 컬렉션Collezione d'Arte Religiosa Moderna〉이 1973년 교황 바오로 6세에 의해 개설되었다.

그 외에 바티칸 박물관에는 16세기에 제작된 40개의 대형 이탈리아 지도를 전시하는 〈지도의 방Galleria delle Carte Geografiche〉, 라파엘의 작품으로 채워진 〈라파엘로의 방Stanze di Raffaello〉, 미켈란젤로의 '천지창조'와 '최후의 심판'으로 유명한 〈시스티나 경당Cappella Sistina〉, 그리고 레오나르도 다빈치와 카라바조 같은 대가들의 작품이 있는 〈피나코테카 회화 갤러리Pinacoteca Vaticana〉 등 50개가 넘는 독립적인 전시공간이 있다.

바티칸 박물관에는 보석같이 아름다운 예술품들이 넘쳐나지만 내가 가장 보고 싶었던 작품은 미켈란젤로의 '천지창조'와 '최후의 심판'이었다. 바티칸은 미켈란젤로를 떼놓고 생각할 수 없다. 그는 새로운 대성당의 건축 과정에 주도적으로 참여했을 뿐만이 아니라 시스티나 경당의 천장과 벽에 미술사학자 곰브리치Sir Ernst Hans Josef Gombrich가 인류 최고의 걸작이라고 칭송한 작품을 남겼다.

교황의 관저 〈사도 궁전〉 안에 있는 예배처인 〈시스티나 경당〉은

전 세계의 추기경들이 모두 모여 새로운 교황을 선출하는 콘클라베
conclave를 여는 장소로 널리 알려진 역사적 장소이다. 이렇게 종교적으로
중요한 의미를 갖는 경당에 미켈란젤로는 교황 율리오 2세의 후원을
받아 1508년에서부터 1512년 4년 동안 천장에 12,000여 점의 그림을
그렸다. 또한, 미켈란젤로는 1536년 교황 바오로 3세의 요청으로 시스
티나 경당의 제대祭臺 위 벽면에 성경에서 영감을 얻은 장엄한 장면과
중요 인물들을 골라 '심판'이라는 주제의 프레스코화를 5년에 걸쳐 완성
했다.

　　미켈란젤로가 남긴 이 불후의 명작은 보는 이로 하여금 역사를
신의 섭리로 받아들이고 예수의 부활과 심판에 대한 믿음을 확인하라
는 강렬한 메시지를 전달한다. 여기서 우리는 바티칸 박물관이 하늘의
영광을 세속의 공간에 연결하는 창구의 기능을 하고 있음을 감지한다.

　　종교박물관으로서의 바티칸 박물관은 종교적 주제를 담은 불후의
명작들을 소장하고 있다는 점에서 세계 최고이다. 미켈란젤로의 '피에타',
레오나르도 다빈치의 '광야의 은자隱者 히에로니무스', 카라바조의 '예수의
매장' 등은 그저 몇 가지 예에 지나지 않는다. 그렇다고 모든 소장품이
종교적인 색채를 띠는 것은 아니다. 예컨대 바티칸 박물관에서 본 라파엘
의 프레스코화 '아테네 학당'은 흥미로운 이유로 나의 기억에 남아있다.
내로라하는 서양의 철학자들을 라파엘이 상상력을 발휘해 형상화한
이 작품은 그림 속에서 플라톤, 아리스토텔레스, 헤라클레이토스, 디오게
네스, 유클리드 등 나에게 익숙한 철인哲人들을 찾아보는 재미를 선사했다.

　　기독교 문명의 진수를 보여주는 바티칸 박물관은 종교와 예술이
만나 성聖과 속俗이 섞이며, 그래서 하나님의 섭리가 곧 역사라는 가르
침을 전달하는 매우 특이한 박물관임이 틀림없다.

시스티나 경당 사진촬영이 금지되어있어 바깥쪽에서 촬영했다.
미켈란젤로의 피에타
바티칸 박물관의 앞마당인 성 베드로 광장

식민주의, 문화재 보존, 패러다임의 변화

〈베를린의 박물관 섬〉(Museuminsel)과
〈훔볼트 포럼〉(The Humboldt Forum)

29

베를린에는 〈박물관 섬Museuminsel〉으로 불리는 문화 명소가 있다. 박물관 섬은 베를린 시내를 관통하는 슈프레강Spree Fluss을 가르며 들어선, 여의도 4분의 1 크기의, 작은 섬으로 다섯 개의 세계적인 박물관을 품고 있어 유네스코는 1997년 박물관 섬 자체를 세계문화유산으로 지정했다. 다섯 개의 박물관 건립은 1830년 〈구舊박물관Altes Museum〉의 개관을 시작으로, 1855년 〈신新박물관Neues Museum〉, 1876년 〈국립회화관Alte Nationalgalerie〉, 1904년 〈보데 박물관Bode Museum〉의 전신인 카이저 프리드리히 박물관 출범에 이어, 1909~1930년 〈페르가몬박물관Pergamon museum〉이 완공될 때까지 한 세기世紀 이상에 걸쳐 이루어진 대역사의 결실이었기에 박물관학자museologist들에게는 현대 박물관의 발전과 성장 과정을 살펴보는 귀중한 사례로 꼽힌다.

　　다섯 개의 박물관은 각기 특색 있는 전시로 방문객들에게 다양하고 흥미로운 문화적 체험을 제공한다. 〈구박물관〉의 주요 전시내용은 그리스, 로마 시대의 석상과 유물이며, 박물관 건물 자체가 신고전주의 양식을 대표하는 작품이기도 하다. 〈신박물관〉에서는 주로 고대 이집트의 유물과 유럽의 선사시대 및 고대 유물들을 전시하고, 〈보데 박물관〉은 비잔틴 미술을 비롯하여 여러 종류의 유럽의 조각 작품과 회화 및 동전 컬렉션이 유명하다. 〈국립회화관〉은 독일의 유명 예술가들의 작품에 더하여 고전주의, 낭만주의, 인상주의, 초기 모더니즘의 작품들을 소장하고 있다. 마지막으로 고고학 박물관인 〈페르가몬박물관〉은 고대 그리스, 로마, 바빌로니아 시대의 건축물 전시가 유명한데, 특히 고대 바빌론의 '이슈타르 문Ishtar Gate'과 터키의 유적지에서 조각들을 옮겨와 복원한 '페르가몬 제단Pergamon Altar'의 전시가 가장 큰 관심을 불러 모으고 있다. 이렇게 인류 문명사文明史의 여러 단면을 한자리에서 쉽게 접할 수 있게 조성된 박물관 섬의 여러 곳에서는 언제나 다양한 교육프로그램과 문화행사, 그리고 축제 등이 열려 문화발전소의 역할을 해낸다.

이상 다섯 박물관 중 가장 많은 방문객이 몰리는 곳이 페르가몬박물관이다. 페르가몬박물관이 유명한 이유는 로마 시대 밀레토스 시장 진입로, 고대 바빌론의 성문, 그리고 기원전 2세기경 제우스를 위해 건립된 페르가몬 제단을 거대한 실물 그대로 복원하여 전시하고 있기 때문이다. 페르가몬박물관을 방문하는 관람객은 우선 전시물이 건축의 실물 크기 그대로라는 점에서 그 규모에 압도당할 뿐 아니라, 동시에 엄청난 규모의 유적 자체가 옮겨졌다는 사실이 보는 이로 하여금 식민주의와 문화재 약탈의 문제를 생각해보도록 만든다.

근대 서양의 식민주의적 팽창과정에서 유럽의 많은 나라는 타국의 문화유산을 수집하고 때로는 약탈해 자국의 위엄을 높이는 수단으로 이용했다. 영국의 대영박물관과 프랑스의 루브르박물관이 소장하고 있는 수많은 세계의 문화유산 일부가 그러하다. 독일도 그러한 관행에서 자유롭지 못하지만, 영국이나 프랑스에 비하면 소위 '식민주의 2진Sekundärer'으로 폄하되는 독일이었기에 상대적으로 식민주의적 문화재 약탈의 문제가 적은 편이다. 페르가몬박물관의 거대한 건축 문화재도 그렇다.

우선 이슈타르의 문은 11세기경 지진으로 인하여 완전히 파괴되어 흙더미에 묻혀있었다. 묻혀서 폐허로 방치되던 고대 바빌론의 유적을 문헌 연구를 통해 찾아내어 되살린 것은 영국과 독일의 고고학자들이었고, 1899년 독일 고고학자들이 파편화된 벽돌 조각들을 발굴하여 터키(오스만 제국)정부의 허가를 받아 독일로 가져와 10여 년에 걸쳐 엄청난

박물관 섬 / 국립회화관
홈볼트 포럼 / 구박물관 / 구박물관 전시실
신박물관 / 신박물관에서 본 페르가몬박물관 입장객 행렬 / 신박물관에서 만난 아이들의 학습현장

페르가몬 박물관 내부 / 페르가몬 유적 / 이슈타르의 문
이슈타르의 문 복원작업 (페르가몬박물관 홈페이지 제공사진)

어느 인류학자의 박물관 이야기

양의 조각들을 짜 맞추고 사라진 부분은 옛 방식대로 벽돌을 새로 구워 모사 건축물을 복원하였다. 박물관이 보관하고 있는 복원 당시의 사진을 보면 수많은 벽돌과 돌 조각들을 작업실에 산더미처럼 쌓아 놓고 있는 장면에 그들의 노고가 얼마나 컸는지를 짐작게 해준다. 발굴된 유리벽돌 조각들을 분류하여 하나하나 다시 붙이고, 유실된 부분은 특수 제작된 틀들을 만들어 당대와 똑같은 벽돌들을 생산해, 이들을 쌓아 올리는 과정을 거쳤다는 점에서 이 프로젝트는 고고학 복원사復元史 상 가장 세심하고 치밀하면서도 거대한 복원 프로젝트 중 하나가 아닐 수 없다.

페르가몬 제단Pergamon Altar 역시 완전히 파괴되어 무너져내린 건물의 조각들이 수백 년간 방치된 체 언덕에 묻혀있었기에 부서진 대리석 기둥 조각의 일부는 흙 속의 석회 성분에 녹아 들어가고, 주변의 주민들은 집을 지을 때 사용할 석조를 폐허가 된 유적지에서 가져다 쓰는 형편이었다. 페르가몬유적은 독일과 터키의 팀에 의해 1878년 발굴이 시작되었는데, 1879년 독일의 화가 Christian Wilberg가 발굴 현장을 방문하여 그린 스케치를 보면 조각난 건물의 기둥 조각들이 땅속에 묻혀 나 뒹굴고 있는 모습이 역력하다. 독일 정부는 터키 정부(당시의 오토만제국 정부)와 협약을 맺어 페르가몬의 파편화된 건축 석물들을 양도받아, 건축물의 조각들을 실물 그대로 복원하는 작업은 고도의 과학적 지식과 기술이 필요한 작업이었기에, 독일로 가져와 복원작업에 착수했다. 그런 점에서 페르가몬 제단의 복원은 독일이 오스만왕조의 승인 하에 진행한 문화재 복원사업의 성격을 갖는다. 참고로 페르가몬박물관에 전시된 초기 이슬람의 미완성 궁인 므샤타 궁전Mschatta의 벽면 역시 지진으로 무너져 방치되던 궁전의 일부 조각 벽면을 오스만 제국의 술탄 압둘 하미드 2세가 독일 제국의 카이저 빌헬름 2세에게 우호의 표시로 선물했다고 한다.

　이러한 사례에 접하면 서구의 박물관들을 마냥 제국주의적 지배와 식민주의적 약탈의 틀로 재단하는 데 한계가 있음을 느끼게 된다. 역사적으로 대다수 사회에서는 문화재 보호나 보존의 개념이 자리 잡지 못했다. 그러므로 오늘날 유럽의 유수 박물관에서나마 사라지거나, 잊히거나, 파괴되었을지도 모르는 인류의 귀중한 문화유산이 보존되어있다는 사실은 어찌 보면 다행스러운 일이다. 동시에 시대의 흐름을 따라 박물관을 바라보는 시각에도 큰 변화가 오고 있음에 유의할 필요가 있다. 예를 들면 프랑스는 프랑스 지식인들이 움직여 과거에 원시와 미개로 폄하되었던 세계 모든 지역의 문화유산을 위한 탈식민주의 개념의 인류학박물관인 케 브랑리 박물관The Quai Branly Museum을 2006년 새롭게 선보였다.

　때마침 베를린에서 들려오는 박물관 소식 중에는 새로운 개념의 박물관인 〈훔볼트 포럼Humbolt Forum〉의 개관을 알리는 의미 있는 뉴스가 있었다. 독일 통일 후 연방정부가 추진 한 최대의 문화 프로젝트인 훔볼트 포럼은 기존의 〈민속학박물관〉과 〈아시아 박물관〉을 흡수하여 비非유럽 문화권 문화에 헌정하는 공간으로 탈바꿈시키는, 다시 말해 이 기획은 제국주의와 식민주의의 반성을 담고 있는 박물관 조성사업으로 알려졌다. 훔볼트 포럼 건물 자체도 전통적 박물관들의 메카인 박물관 섬 바로 건너편 옛 왕궁건물을 대대적으로 개조하여 사용하는 파격을 택했다. 그래서 한국의 어느 신문에서도 훔볼트 포럼의 개관으로 "열강에 의해 잊히고 왜곡되던 문화와 전통이 마침내 제 목소리를 낼 주빈 자리가 마련되었다"(『한겨레』, 2020.8.27)라며 반겼다.

문제는 이렇게 특별한 공간에 과연 우리가 우리의 목소리를 담아낼 준비와 역량을 갖추고 있는가이다. 안타깝게도 소식통에 따르면 한국관에 배당된 공간은 인접한 일본관과 중국관의 10분의 1 정도의 면적이라고 한다. 훔볼트 포럼 측은 그들이 소장하고 있는 한국의 유물이 160점에 불과하며, 한국의 유물은 한국의 구舊시대적 문화재보호법 때문에 의미 있는 유물의 구매가 거의 불가능하다는 점을 지적했다. 이에 더하여 일본과 중국의 문화 외교 전문가들이 훔볼트 포럼의 준비 과정에서 독일의 당국자들과 꾸준히 소통하며 자신들의 목소리를 담기 위한 노력을 해왔음을 지적하지 않을 수 없다. 일본이나 중국과 비교해 우리의 당국자들은 문제가 생기면 소극적으로 항의와 비난을 하는 데 그치지 않고 그에 더욱 정면으로 부딪쳐 상대방을 설득하고 적극적으로 나서서 새로운 담론을 형성하여 전파하는 주도적인 노력을 과연 해 왔는가? 박물관이라는 세계 공통의 문화 공론의 장에서 우리의 문화 외교는 과연 어디에 와 있는가? 또다시 묻게 되는 질문이다! 탈식민, 탈근대, 탈 구조의 시대인 지금, 세계의 박물관은 어느 곳에 있던지 결국은 여러 사회의 예술과 전통을 비교 · 검토하고 누구나 쉽게 누릴 수 있게 해주는 인류 문화유산의 보고 역할을 한다. 박물관을 다닐수록 열린 마음으로 우리도 더 적극적으로 박물관 문화 외교를 펼쳐야 한다고 생각하는 이유이다.

폐허에서 발굴한
그리스 신화와 비극의 자취들

올림피아 고고학유적(Archaeological Site of Olympia)과
〈올림피아 고고학박물관〉(Archaeological Museum of Olympia)

30

20세기 건축의 거장 루이스 칸Louis I. Kahn은 그리스의 폐허廢墟에서 "과거에 있었던 것은 항상 존재한다"라는 깨달음을 얻었다고 한다. 돌로지은 건축물이 폐허가 되어 자연 속에 남으면, 이제 '유용성'에 대한집착이 사라져 건축이 원래 간직했던 인간의 표현 의지意志와 염원念願을방해받지 않고 음미해 볼 수 있기에, 칸Kahn은 폐허야말로 건축의 끝이자 종착점이라는 생각을 했다. 그래서 폐허는 잃어버린 시간을 찾아떠나는 여행처럼 쓸쓸하게 아름다운지 모른다. 2019년 늦가을... 그같은 폐허를 만나러 그리스로의 시간여행을 떠났다.

어린 시절 그리스는 '신화'와 '비극'의문을 통하여 나의 정신세계로 들어왔다.2019년 늦가을에, 내가 아이스킬로스Aischylos의 비극 〈아가멤논〉의 기억과 올림피아최고의 신神 제우스의 이야기를 되살리며찾아간 곳은 그리스의 서남쪽, 펠로폰네소스반도의 올림피아였다. 올림피아는 그리스신화의 주신主神인 제우스를 칭송하는 고대 올림픽이 열리던 장소로 널리 알려진

폐허의 기둥 사이로 보이는
지중해의 하늘은 여전히 푸르다.

곳이다. '알티스'(성역(聖域) 안을 의미하는 일리아 지방의 방언)라 불리는 성역에서 기원전 776년부터 4년마다 치러진 고대 그리스의 경기에는 여러 도시국가에서 참가한 운동선수들이 실력을 겨뤘을 뿐만 아니라 나중에는웅변가·시인·음악가들까지 찾아와 제우스를 찬양했다고 전해진다.

알티스 성역 안에는 기원전 5세기와 6세기에 제우스와 제우스의아내 헤라Hēra를 위한 화려하고 거대한 신전이 각각 세워졌고, 그 외에도 체육관, 보물창고, 목욕탕 등에 더하여 기원후 157년~160년에는

폐허화된 올림피아 유적

올림피아 고고학 유적

그리스 신 터에서 올림픽 성화가 점화된다

로마 제국의 집정관 헤로데스 아티쿠스Herodes Atticus가 세운 엑세드라 Exedra(반원형의 내빈 관람석이나 심판관석) 등에 이르기까지 다양한 건축물이 올림피아의 숲이 우거진 계곡에 꾸준히 덧붙여졌다. 따라서 올림피아는 고대 지중해 문명의 진수를 보여주는 대표적 지역으로 자리를 잡았으며, 대체로 기원전 10세기부터 기원후 4세기까지를 올림피아의 전성기로 간주한다.

기원전 146년 코린토스 전투에서 로마가 승리함으로써 그리스는 로마의 일부가 되었고 올림피아의 제우스 칭송 문화도 시간이 흐름에 따라 점차 쇠락의 길로 접어들게 된다. 천 년 이상 지속한 올림픽 경기는 기독교를 로마 제국의 공식적인 국교로 선포한 로마 황제 테오도시우스 1세(재위기간 AD 347~395)의 이교도 금지령을 계기로 394년 막을 내렸고, 426년 테오도시우스 2세(재위기간 AD 408~450)는 우상숭배금지를 내세워 올림피아 신전들을 파괴하도록 명령을 내렸다. 설상가상으로 6세기에 이 지역을 강타한 지진地震은 올림피아의 건축물들을 대부분 무너트렸고, 알피오스 강江과 클라디오스 강물의 흐름마저 바뀌어 파괴된 올림피아의 건물이나 시설은 붕괴하여 모래와 흙 속에 매몰되어 잊혔다.

수 세기 동안 방치되었던 올림피아 유적이 다시 주목을 받게 된 것은 1755년 독일인 학자 빈켈만John J. Winchelmann(1717~1786)이 〈고대 그리스 미술에 관한 논문〉을 발표하면서부터이다. 이를 근거로 1766년 영국인 찬들러O. Chandler가 올림피아 유적지를 시험 발굴하여 제우스 신전의 위치를 파악해냈다. 다만 필요한 자금과 전문가의 확보문제로 본격적인 발굴은 십 년을 더 기다려야 했고, 독일의 고고학연구소가 적극적으로 나섬으로써 올림피아 유적에 대한 본격적인 조사와 발굴을 시작할 수 있었다. 즉 1875년에 그리스와 독일 정부 사이에 '사적인 이익을 목적으로 하지 않는 발굴'에 관한 의정서가 교환되어 지금까지 독일 정부의 지원으로 독일 고고학연구소가 발굴 조사를 계속하고 있다. 특기할 사항은 발굴을 통해 올림피아 유적에서 출토된 문화재는 그리스 국내에서 보관·연구하기 위해 1888년 발굴유적지 인근에 박물관 건물을 지었다는 사실이다. 바로 이것이 〈올림피아 고고학박물관〉의 모태가 되었다.

올림피아 유적은 폐허와 잔해만으로도 그 가치를 인정받아 1989년 유네스코는 유적지 자체를 〈세계문화유산〉으로 지정했다. 그리고 지금까지 이곳에서 발굴된 주요 유물들은 〈올림피아 고고학박물관〉에서 전시하고 관리한다. 올림피아 고고학박물관이 자랑하는 주요 전시유물로는 헤라 신전의 폐허에서 출토된 〈헤르메스와 어린 디오니소스 조각상Hermes and the Infant Dionysus〉과 제우스 신전 부근에서 발견된 〈니케의 상The Nike of Paionios〉, 그리고 제우스 신전 동쪽과 서쪽 지붕 박공博栱 (pediment, 경사진 지붕 한 쌍으로 인해 만들어지는 삼각형의 공간)을 장식하던 42개의 거대한 조각상과 헤라클레스의 12 고난을 묘사한 벽면 조각 장식이 대표적이다.

올림피아 고고학박물관에서 가장 주목을 받는 제우스 신전 페디먼트(=박공)의 장식조각상들의 크기는 높이가 거의 3m에 달해 신전 자체의 규모가 얼마나 거대했는지를 말해준다. 또한, 그 조각상들은 그리스 신화에 나오는 올림픽 기원에 관련된 이야기를 품고 있어 학술적, 예술적 가치에 더해 관람객의 상상력을 자극하는 데 손색이 없는 귀중한 전시품이다. 그런데 이 조각상들의 의미를 이해하려면 그리스의 신화를 알아야 한다. 올림피아가 올림픽의 발상지임을 생각하면 올림픽의 시작과 관련 있는 다음의 이야기는 여기서 잠깐 소개하는 것이 필요할 것 같다. 왜냐하면, 고대 그리스로의 시간여행을 떠나 당시 그리스인들과의 대화를 원하는 방문객이라면 유물보다는 그 유물에 얽힌 스토리텔링을 통해야 당시 그리스인들의 사유를 가늠해 볼 수 있기 때문이다.

제우스에게 바쳐진 고대 올림픽 경기의 시작은, 전설에 따르면, 올림피아를 관리하는 피사의 왕 오이노마오스^{Oinomaos}가 시작한 전차 경주^{Chariot Racing}라는 설이 가장 유력하다. 오이노마오스 왕은 자신이 사위의 손에 죽게 된다는 신탁이 두려워 딸의 결혼을 막기 위해 자신의 딸에게 청혼하는 자는 모두 전차 경기에서 목숨을 걸고 자기를 이겨야 한다는 조건을 내건다. 왜냐하면, 그가 당시 최고의 전차 경주자였기 때문이었다. 수많은 지원자가 청혼하여 모두 왕에게 경기에 져서 사형을 당했다. 한편 제우스신의 총애를 받던 프리기아의 왕 탄탈로스^{Tántalos}의 아들인 펠롭스^{Pelops}가 청혼한다. 하지만 전차 경주의 승리에 자신이 없던 펠롭스는 왕의 마부 미르틸로스^{Myrtilos}를 사전에 매수하여 왕의 전차 수레바퀴의 청동 못을 밀랍으로 바꿔치기하게 시켜 전차 경기 중 왕의 전차가 뒤집혀 죽게 만든다. 펠롭스는 속임수를 이용해 공주와 결혼하고, 저주의 신탁대로 오이노마오스 왕은 사위 손에 죽임을 당했다. 올림피아 박물관의 중심 홀에 전시된 제우스 신전 동쪽 페디먼트^{pediment(박공)}의 조각상들은 바로 이 신화에 나오는 인물들을 일렬로 세워 놓은 것이다. 인물들의 배열은 가운데 제우스가 서 있고 그의 오른편으로 오이노마오스와 마부 미르틸로스, 그리고 왼편에는 펠롭스와 오이노마오스의 딸 히포다미아^{Hippodamia}가 경기에 이용된 전차를 양옆에 두고 서 있다. 이는 올림피아 성역의 핵심 신전인 제우스 신전의 정면 페디먼트^{pediment}에 이 신화의 줄거리를 부조처럼 새겨 넣은 것임을 말해준다. 신화에 따르면 펠롭스는 자신을 도운 마부 미르틸

올림피아 고고학박물관 입구
헤르메스와 어린 디오니소스 당시의 유명 조각가 프락시텔레스가 기원전 340년 경 제작한 것으로 추정함. 높이 213m
제우스 신전 동쪽 페디먼트의 조각상 가운데에 제우스가 서있고, 그의 오른편에 오이노마오스 왕, 왼편에 펠롭스.

어느 인류학자의 박물관 이야기

로스도 배신하여 바다에 던져 죽였다. 펠롭스가 저지른 죄의 대가는 아가멤논 가문에서 벌어지는 친족 간의 살인극으로 결국 후손들이 치르게 되는데, 이러한 이야기가 아이스킬로스의 비극 3부작 '오레스테이아Oresteia'에 잘 묘사되고 있어 이 또한 흥미롭다.

올림피아 고고학박물관은 비교적 작은 규모의 박물관이지만 전시된 유물들이 이곳에 오기까지 고고학자들이 기울인 노력을 생각하면 감사의 마음이 저절로 우러나는 특별한 곳이다. 학문의 미개척 분야를 묵묵히 걸어 수백 년 동안 역사와 흙더미와 망각의 늪에 묻혀 있던 값진 인류문화의 유산을 다시 세상의 빛을 보게 만들어준 초기의 학자들, 그리고 오랜 시간 발굴 현장에 남아 매우 어려운 퍼즐을 맞추는 작업에 매진해온 고고학자들이 고마운 것이다. 지금 우리가 편안히 접하는 〈헤르메스와 어린 디오니소스 조각상〉의 경우, 커티우스Ernst Curtius가 인솔하는 독일의 발굴팀이 발굴을 시작한 지 2년 뒤인 1877년이 되어서야 헤라 신전이 매몰되어 있던 장소에서 머리와 몸통의 일부 파편을 발견할 수 있었고, 무려 여섯 차례에 걸친 재발굴과 점검과정을 거쳐 오늘날 우리가 전시실에서 만나는 조각상이 모습이 맞추어졌다 한다. 그런데도 여전히 조각상의 오른팔 부분은 찾아내지 못했고, 그 외에도 왼쪽 손의 손가락 두 개와 성기 부분, 그리고 어린 디오니소스의 팔과 오른발 끝부분 등은 끝내 찾아내지 못했다.

흙더미와 폐허에서 진행된 발굴의 기술적 어려움과 조각들을 복원하고 짜 맞추는 작업에 쏟아 부은 수많은 고고학자의 노고를 생각하며 박물관을 나서는 나의 발걸음이 가벼워졌다. 그들의 노력이 있었기에 서구의 건축과 예술 전반에 큰 영향을 끼친 고대 그리스 문명의 향기를 폐허의 시간 속에서 다시 찾았다는 생각이 들었기 때문이었다.

제우스 신전 동쪽 페디먼트에 있던 **조각상** 파편화된 조각의 흔적들이 복원작업의 어려움을 말해준다.
박물관 중앙홀 제우스 신전 양쪽 페디먼트의 조각상들이 양편으로 나뉘어 전시되고 있다.
중앙홀에 연결되는 통로
출토된 투구들
출토 유물

어느 인류학자의 박물관 이야기

고대 올림피아 복원 상상도

203

터키에는 왜
고고학박물관이 많을까?

이스탄불 고고학박물관(Istanbul Archaeological Museums)

한국의 사정과 비교했을 때 터키의 국립박물관은 몇 가지 특징이 두드러진다. 첫째는 한국의 국립중앙박물관처럼 터키의 역사와 문화를 종합적, 총체적으로 보여주는 거대한 중심박물관(또는 국가박물관)이 없는 대신, 콘텐츠를 달리하는 국립國立 고고학박물관이 여러 지역에 세워져 있고, 둘째는 궁전이나 모스크, 옛 교회 건물 자체를 박물관으로 이용하며, 셋째로 유적지나 고대의 폐허를 역시 박물관으로 활용한다는 점에서 한국의 박물관과는 차별화된다.

터키의 박물관들이 보여주는 다양성과 색다른 접근방식은 그들이 간직한 다채로운 역사적 · 문화적 콘텐츠에 기인하는 것으로 보인다. 콘텐츠의 다양성과 풍부함이 곧 터키의 박물관들을 도식적이고 단조로운 체제나 상투적인 규격화에서 벗어나게 하였을 것이라는 말이다. 역사학자 아놀드 토인비는 이스탄불을 '인류문명의 살아있는 박물관'이라 불렀는데, 이는 터키 전체에 해당하는 말이기도 하다.

신고전주의 양식의 고고학 박물관

어린이 단체관람객으로 붐빈다.

확실히 터키는 역사적으로 2,000년 이상 유럽과 아시아 문명이 만나 뒤섞이던 무대였기에 메소포타미아, 히타이트, 아시리아, 그리스, 로마, 비잔틴, 이슬람의 문화가 켜켜이 쌓여 있는 땅이다. 따라서 그렇게 방대한 문화적 다양성을 포용하려면 단조롭고 도식적인 접근에서 벗어나 색다른 형태의 박물관을 구상하는 것이 어찌 보면 당연한 귀결이었을지 모른다.

터키 정부가 자랑하는 터키의 10대 국립박물관 중에서 '가지안테프Gaziantep' 마을에 있는 〈'제우그마' 모자이크 박물관Zeugma Mosaic Museum〉(Gaziantep)은 모자이크만을 보여주는 특수박물관인데, 이를 제외한 나머지 9개가 궁전, 모스크, 무덤, 유적지 등을 활용한 박물관이거나, 또는 고고학박물관이다. 10대 박물관 중 나머지 아홉 개 박물관의 성격을 나열해 보면 다음과 같다.

1. 궁전 자체가 박물관인 〈'톱카프 궁전' 박물관Topkapi Palace Museum〉 (Istanbul)

2. 회교사원回敎寺院인 〈'아야소피아' 박물관Hagia Sophia Museum〉(Istanbul) (참고로 2020년 7월 터키 사법부는 〈아야소피아 박물관〉을 다시 모스크로 전환하는 법적 조처를 했다.)

3. '이브라힘 파샤 궁전'을 박물관으로 꾸민 〈터키 및 이슬람 예술 박물관Museum of Turkish and Islamic Arts〉(Istanbul)

4. 이슬람 신비주의 종파인 '메블라나'교敎 창시자의 무덤인 〈'메블라나' 박물관Mevlana Museum〉(Konya)

5. 터키 최고最古, 최대 고고학박물관인 〈이스탄불 고고학박물관 Istanbul Archaeological Museums〉(Istanbul)

6. 원래 〈'앙카라' 고고학박물관〉이었던 〈'아나톨리아' 문명 박물관 Museum of Anatolian Civilizations〉(Ankara)

7. 로마~동로마 시절에 소아시아 남해안 지역 담당 해군기지였던 안탈리아의 〈'안탈리아' 고고학 박물관Antalya Archaeological Museum〉 (Antalya)

8. 터키 동남 아나톨리아 지역의 가장 오랜 신전神殿 유적지 '괴베클리테페'의 〈'괴베클리테페' 박물관Gobeklitepe Museum〉(Sanliurfa)

9. 바위산에 동굴을 뚫어 만든 10~12세기 교회 유적지인 〈괴뢰메 야외박물관Goreme Open Air Museum〉(Nevsehir)

이상의 10대 박물관, 그리고 터키의 국립 고고학박물관 중에서 가장 오랜 역사와 전통을 자랑하는 박물관이 〈이스탄불 고고학박물관 (들)Istanbul Archaeological Museums〉이다.

오스만제국의 술탄 압뒬라지즈 1세Abdülaziz는 1867년 여름에 파리, 런던, 빈을 순방하던 중 각국의 고고학박물관에 깊은 인상을 받아 귀국 후 이스탄불에 서구식西歐式 고고학박물관의 건립을 지시했다.

이슬람국가인 오스만제국은 제국 영토 내에 산재한 고대 그리스 나 로마, 비잔틴 문명의 유적을 오랜 기간 방치해왔다는 점에서 압뒬라 지즈의 이러한 조치는 매우 이례적인 일이었으며, 이러한 시작이 결국 20세기에 들어서 터키의 박물관 정책에 영향을 미쳤다. 박물관 건축공 사는 건립 부지敷地를 톱카프 궁전Topkapı Palace의 바깥 정원으로 정하고 1881년, 당시 유명 고고학자이자 행정가인 오스만 함디 베이Osman Hamdi Bey의 지휘 아래 시작되어, 1891년 황실박물관Imperial Museum으로 개관했 으며, 1908년 현재 모습인 신고전주의 양식(neoclassical style 또는 neo-Greek form)을 완성했다.

　이것이 터키에 만들어진, 즉 오스만제국 최초의 박물관이며, 동시에 그 당시 유럽에서도 드물게 박물관으로 설계되어 건물 자체도 크게 주목을 받은, 박물관사博物館史에서 중요한 위치를 차지하는 박물관이다. 고고학박물관은 황실박물관이었기에 오스만제국의 직할지와 자치구의 총독이나 관리들이 획득한 유물들을 이스탄불로 보내도록 해 많은 유물을 확보할 수 있었다. 또한, 고고학박물관의 첫 번째 관장이 된 '오스만 함디 베이'도 자신이 직접 참여한 레바논의 시돈Sidon지역 발굴에서 출토된 기원전 4세기 말 헬레니즘 시기의 '알렉산드로스 석관'을 이곳으로 가져와 전시하기도 했다.

　〈이스탄불 고고학박물관(들)Istanbul Archaeological Museums〉은 핵심이 되는 〈고고학박물관The Archaeological Museum〉을 중심으로 〈고대 동양 박물관The Ancient Orient Museum〉 그리고 〈타일 키오스크 박물관Tiled Kiosk Museum〉으로 이루어져 있다.

　고대 동양박물관은 1883년 '오스만 함디 베이'에 의해 예술학교로 시작된 것을 1935년 박물관으로 바꿨는데 1963년 잠시 문을 닫았다가 재단장하여 1974년에 고고학박물관 일부로 다시 개관했다. 타일 키오스크 박물관은 메흐메트 2세Sultan Mehmed II의 명에 따라 1472년 톱카프 궁의 바깥 정원에 지은 작은 건물로서 이스탄불에서 가장 오래된 건축물의 하나이다. 1953년부터 터키와 이슬람의 예술품을 전시하는 공간으로 활용되고 있다.

　주지하다시피 오스만제국은 1453년 동로마제국의 수도인 콘스탄티노플을 함락시킨 이래 20세기 초까지 유럽의 남동부, 서아시아, 그리고 북아프리카 일부에 이르는 광대한 지역에 막대한 영향력을 행사해

왔기에, 〈이스탄불 고고학박물관〉의 소장품은 오스만제국의 '제국주의적 연원'이 두드러진다. 즉 소장유물이 현재 터키의 영토인 아나톨리아지역을 훨씬 벗어나 과거 오스만제국이 통치하던 모든 지역에서 나온 유물들이 다수 포함되어있는 것이다.

문제는 그리스나 로마와 같은 다양한 비非이슬람 세계의 유물은 오스만제국의 이슬람 전통을 이어받아 새롭게 탄생한 국민국가 터키에서 자국自國 역사의 뿌리나 문화적 상징으로 내세울 수 없는 반면, 그렇다고 서구 문명의 뿌리를 도외시할 수도 없는 이중의 딜레마에 직면하는 상황이었다. 하나의 해결책은, 그것들이 인류 문명사에서 차지하는 중요성을 고려했을 때, 오스만제국의 영토에서 발견된 유물을 〈국가박물관〉이라는 이념적·정치적 색깔을 띠는 기관보다는 〈고고학박물관〉이라는 탈이념적이고 보편적인 인류문화의 보전공간에서 활용하는 방식을 택하는 것이다.

고고학박물관 입구에서

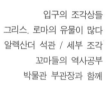

입구의 조각상들
그리스. 로마의 유물이 많다
알렉산더 석관 / 세부 조각
꼬마들의 역사공부
박물관 부관장과 함께

다양한 고고학박물관의 설립을 통해 오스만제국 이전의 고대문명을 보듬는 정책은 터키를 세계 인류의 문화유산을 보전하고 교육하는 데 이바지하는 문화국가의 이미지를 심어주는데 매우 긍정적으로 작용했을 것이다.

그런 점에서 터키는 오늘날에도 동양과 서양을 연결해주는 지점에 있음을 활용하여 나름의 문화국가의 역할을 담당하고 있는 것 같다. 실제로 이스탄불 고고학박물관은 동양의 이슬람 문화에 더하여 그가 소장하고 있는 엄청난 고대 유럽의 유물로 인하여 유럽의 박물관들과의 교류가 활발한 편이다. 내가 2010년 방문했을 때에도 〈대영박물관The British Museum〉에서 그 유명한 타운리Charles Townley가 수집한 〈원반 던지는 사람Townley Discobolus〉 조각상을 임대해와 전시하는 중이어서 영국까지 가지 않고도 귀중한 작품을 접할 수 있어 좋았다. 이러한 교류 때문인지 〈이스탄불 고고학박물관〉 설립 100주년이던 1991년에는 European Council Museum Award를 수상한 영광을 안기도 했다.

〈이스탄불 고고학박물관〉의 주요 소장품으로는 기원전 4세기 헬레니즘 시대의 알렉산더 석관Alexander Sarcophagus을 위시하여 수많은 그리스·헬레니즘 및 로마 시대의 다양한 유물이 대표적이다. 그 외에 주목받는 소장품으로는 세계에서 가장 오래된 평화조약平和條約으로 알려진 이집트의 람세스 2세Ramesses II와 히타이트제국의 하투실리 3세Hattusili III 사이에 서명된 점토판粘土版 '히타이트 평화 조약'(1258 BCE), 이스라엘 지역에서 가져온 '실로암 비문'(히브리어 : כתובת השילוח 또는 실완 비문), '함무라비' 법전보다 약 3세기 앞선 인류 최초의 성문법 '우르남무Ur-Nammu' 법전을 담은 수메르어 점토판 등이 있다.

사마르칸트의 영광과
우즈베키스탄 민족의 재발견

타슈켄트의 우즈베키스탄 국립 역사박물관
(State Museum of the History of Uzbekistan)

〈타슈켄트〉에 도착한 것은 〈사마르칸트〉로 가는 기차를 타기 위해서였다. 문명교류의 비단길 한가운데에서 이슬람 세계의 보석으로 빛나던 도시 사마르칸트는 여전히 나에게는 미지의 세계로 남아있었다. 중앙아시아 역사에 대한 안내자가 필요했었고, 타슈켄트에 있는 〈우즈베키스탄 국립 역사박물관〉이 바로 그 길잡이가 되어주었다.

〈우즈베키스탄 국립 역사박물관〉은 중앙아시아에서는 가장 오래된 박물관이라 한다. 러시아제국의 통치를 받던 시절 당대의 지역 명칭을 따라 투르키스탄의 공공박물관으로 1876년 문을 열었다 하니 140년에 가까운 역사를 가진 셈이다. 그 후 1919년 〈투르키스탄 국립박물관〉으로, 그리고 구소련시절인 1943년에는 〈레닌 박물관〉으로 명칭이 바뀌었다가, 1991년 소련연방 붕괴와 더불어 우즈베키스탄이 독립을 선언하면서 1992년부터 〈우즈베키스탄 역사박물관〉으로 새로운 면모를 갖추게 되었다.

박물관의 명칭에 변화가 온 것처럼, 1990년대 이후 새로운 시대가 열렸음을 상징적으로 보여주는 동상이 있다. 타슈켄트시 중심가의 아미르 티무르 광장에는 〈레닌의 동상〉이 세워져 있었는데, 독립 이후 레닌 동상을 철거하고 이제는 그 자리에 우즈베키스탄 역사상 최고의 영웅 〈아미르 티무르의 동상〉이 들어서 있다.

〈우즈베키스탄 국립 역사박물관〉은 우즈베키스탄 지역이 구석기 시대부터 사람이 거주해온, 동양에서 가장 오래된 문명의 발상지 중 한 곳임을 보여주는 훌륭한 박물관이다. 26만 점이 넘는 소장 유물은 고고학, 인류학, 민속학, 역사학적 자료들을 망라하여 수준 높은 교육 박물관의 역할을 담당하는 데 손색이 없다.

박물관전경
입구 로비 멀리 천산산맥의 설산을 배경으로 푸른 초원이 펼쳐진 우즈베키스탄의 산하 그림이 아름답다.

어느 인류학자의 박물관 이야기

구석기 시대부터 사람이 거주해온 우즈베키스탄 지역의 역사는 여러 민족과 종족집단이 뒤엉켜 엮어간 복잡한 과정이었기에 하나의 민족이나 공동체로서 면면히 이어오는 역사가 아니다. 우즈베키스탄 지역은 석기시대 이후 B.C. 6세기에는 페르시아가, B.C. 4세기에는 알렉산더 대왕의 지배하에 놓였다가, 6세기 중엽에는 돌궐突厥 제국의 지배를 받았다. 8세기에는 이 지역을 놓고 다툰 사라센Saracen 제국과 당나라 간의 탈라스 전투(751)에서 사라센군이 승리함으로써 이슬람권에 편입되었다.

13세기에는 몽골의 지배를 받았으며, 14세기에 이르면 1369년에 몽골계 인물인 아미르 티무르Amir Timur가 티무르 제국을 건설하고, 1369년부터 1507년까지 동서양을 잇는 실크로드의 중심지로 중앙아시아 최대의 상업도시인 사마르칸트를 수도로 삼아 중앙아시아의 문화 르네상스로 일컬어지는 최고의 번성기를 구가했다. 바로 이 시기의 자랑스러운 역사와 문화는 독립을 되찾은 오늘의 우즈베키스탄 국민이 민족적 정체성과 문화적 긍지를 의미적으로 재구성하여 '상상의 공동체'를 만들어가는 원천이 되고 있다.

<우즈베키스탄 국립 역사박물관>은 석기시대의 발굴유물부터 시작하여 테르메스지역에서 나온 1~3세기 쿠샨왕조 시대의 미술사적으로 높이 평가되는 불상을 위시하여 이슬람 시대 이전의 중국이나 흉노 같은 다양한 민족의 문화유산, 그리고 티무르 제국과 그 후의 이슬람 문화를 세련된 전시기법을 동원하여 체계적으로 보여주고 있다.

타슈켄트에 머물며 박물관에서 얻어낸 얕은 지식은 나의 사마르칸트 답사에 큰 도움이 되었다. 특히 박물관의 한 벽면을 차지한 정복자 티무르의 대형 그림은 잠재해있던 있던 상상력을 불러내 주었다.

티무르는 일생을 통해 한 번도 전투에서 패한 적이 없는 잔인한 정복자였다. 그가 정복 전쟁을 치른 지역은 서쪽으로는 소아시아와 역사적 시리아, 동쪽과 남쪽으로는 북인도, 북쪽으로는 볼가강 유역에 이르는 광활한 지역이었다.

그는 정복지의 우수한 건축사나 기술자들을 사마르칸트로 데려와 자신이 좋아한 청색이 두드러진, 당시 세계에서 가장 아름다운 도시를 건설했다. 그러나 오늘날 푸른 돔의 모스크와 메드레세의 도시 사마르칸트에는 티무르의 흔적이 별로 남아있지 않다. 티무르는 그의 고향 샤흐리삽에 그를 위한 거대한 궁전을 지었는데 지금은 정문 기둥 두 개만이 폐허를 지킬 뿐이다. 그러나 그는 '상상의 공동체'에 의해 다시 소환되어 우리 앞에 모습을 드러냈다.

아미르 티무르를
영웅시하여 묘사한
대형 벽화

석기시대 / 어린이 참여 프로그램 진행광경 / BC 2~4세기 페르시아의 아케메니드 왕조의 유물
고대의 유물들 / 쿠산왕조 시대의 불상 1~3세기 / 중앙아시아 문화 전시실
티무르제국시대의 전시실 / 아미르티무르(1336-1405)의 그림을 배경으로

만일 <프라도 박물관>이 없었다면 마드리드는 어떤 도시로 기억될까?

마드리드의 <프라도 박물관>
(Prado Museum; Museo del Prado)

33

지난 2012년 한국방문 외국인 관광객이 드디어 1천만 명을 돌파하였다는 뉴스가 문화관광계의 큰 화제였을 때, 한국을 찾은 관광객의 76.8%가 서울지역 방문자였다는 사실에 놀랐다. 스페인의 경우, 2013년 외국인 관광객 수는 6천만 명에 달했는데, 그중 스페인 수도이자 최대도시인 마드리드를 방문한 숫자는 420만 명에 그쳤다. 반면 바르셀로나가 있는 카탈루냐 지방의 방문객은 1,550만 명에 달했다.

김일철교수님과 프라도 박물관 앞에서 뒤에 벨라스케스의 동상이 보인다.

스페인에는 코르도바, 세고비아, 톨레도 등 무려 13개의 도시가 유네스코 세계유산으로 지정되어 있다. 이는 스페인의 여러 도시가 다양한 문화 콘텐츠를 가지고 서로 경쟁하는 관계에 있으며, 마드리드가 문화적인 매력 포인트라는 관점에서 여타 도시를 압도하지 못하고 있음을 말해 준다. 그래도 마드리드가 문화적으로 내세울 것이 하나 있다면 그것은 세계적이라고 평가 받는 〈프라도 박물관〉일 것이다. 바르셀로나에 〈사그라다 파밀리아〉가 있고, 그라나다에 〈알람브라 궁전〉이 있다면 마드리드에는 〈프라도 박물관〉이 있다.

합스부르크 왕조의 스페인 왕들은 15세기부터 18세기에 걸쳐 유럽 거장들의 작품들을 사들여 소장해오는 전통이 있었다. 특정 장소에 보관하던 소장품은 왕족이나 귀족들에게만 공개되던 것을 1819년 페르디난드 7세가 프라도 전시실 2개를 대중에게 공개하였고, 1868년에 이르러 국립박물관으로 공식 개관하였다. 7,000점이 넘는 미술품은 시기적으로는 12~18세기, 화가는 루벤스Rubens, 반다이크Van Dayk 등의 스페인 왕실과 밀접한 관계를 맺어온 플랑드르지역 출신 작가들 외에 이탈리아, 프랑스, 독일의 주요 화가들을 포함하고 있다.

그러나 프라도 미술관 소장 작품은 그 양과 질의 양 측면에서 12세기부터 19세기에 이르는 스페인 미술이 압도적이고, 특히 16~17세기 스페인 화가들의 작품이 주류를 이룬다. 스페인화가 중에서는 벨라스케스Velazquez, 고야Goya, 무리요Murillo가 그 중심에 있고, 고야의 작품은 유화 119점, 판화 488점에 달해 고야의 모든 주요 작품이 프라도에 있는 셈이다.

1990년 마드리드에서 열린 세계사회학대회World Congress of Sociology에 참가하게 되면서 프라도에서 고야의 그림을 실물로 접할 행운을 잡았다. 나 같은 아마추어 미술애호가가 고야의 그림에 특별한 관심을 두게 된 이유는 내가 높은 심미안이나 미술 이론을 갖춰서가 아니라 고야의 몇몇 그림을 둘러싼 흥미로운 이야기story 때문이었다. 경영학자들에 의하면 사람들의 관심을 끌게 만드는 데는 스토리텔링만큼 유효한 것이 없다고 한다. 왜냐하면, 이야깃거리story는 우리에게 끈끈한 기억을 남기기 때문이다. 아마 일반인들에게도 널리 알려진 고야의 작품 중 스토리텔링이 넘쳐나는 그림은 〈옷을 벗은 마하〉, 〈옷을 입은 마하〉일 것이다. 나 역시 이 그림들을 둘러싸고 펼쳐진 흥미로운 이야기에 일찍이 빠져들었다.

프라도 미술관에는 벨라스케스, 고야, 무리요의 동상이 세워져 있어 이 세 화가의 위상을 짐작하게 해준다. 미술관 정면에는 벨라스케스의 동상이 있고, 일반 관람객들이 들어가는 왼쪽 문 앞 계단에는 고야의 동상이 서있다. 그런데 고야 동상을 살펴보면 대리석 받침대 아래쪽에 〈옷을 벗은 마하〉를 실물 크기로 정교하게 조각해 놓았다. 이는 그만큼 고야의 이 작품이 대중의 관심을 사로잡고 있다는 징표처럼 다가온다.

고야의 동상
아래에 '옷을 벗은 마하'가 조각되어 있다.

　〈옷을 입은 마하La Maja Vestida〉와 〈옷을 벗은 마하La Maja Desnuda〉는 이미 앞에서 지적했듯이 고야의 작품 중 가장 많은 일화를 남긴 화제작이다. 그림의 순서는, 다른 견해가 있긴 하지만, 〈옷 벗은 마하〉(1800)가 〈옷 입은 마하〉(1803)를 3년 앞섰다고 알려졌는데, 〈옷 벗은 마하〉는 서양 미술 최초의 실존 여성의 나체화로 알려져 있다. 그 전까지의 여성 나체화는 신화적 인물이나 상상의 여인상을 묘사하는 것들이었기에, 고야의 작품은 끝내 외설 시비로 종교재판에 넘겨져 종교재판 당국에 의해 압수당하는 수난을 겪게 된다. 종교재판은 1815년에 열렸으니 1803년에는 나체화에 대한 문제 제기도 없었는데 왜 옷을 입은 마하를 3년 뒤에 그렸는지 이해하기 어렵다. 참으로 설명이 필요한 수수께끼이다. 또 다른 수수께끼는 그림 속의 여인이 베일에 싸여있다는 점이다.

　〈마하Maja〉는 누구의 이름이 아니라 풍만한 여인을 가리키는 일반 명사라 한다. 여러 사람이 그림 속의 여인으로 고야와 가까웠던 알바 여 공작女 公爵(Duchess of Alba)을 지목했으나 고야는 이를 부정하였다. 혹자는 이 그림의 최종 소유자였던 마누엘 데 고도이Manuel de Godoy 스페인

옷을 입은 마하   옷을 벗은 마하

총리의 정부情婦 페피타 츠도우Pepita Tudo일 것이라는 주장을 폈지만, 이
역시 확인되지 못했다.

　　이렇게 고야의 이 유명한 작품은 그림 속의 여인이 누구인지 밝혀
지지 않은 상태로 남아있기에 아직도 신비의 베일에 한 꺼풀 덮여있는
것이다. 그래서 지난 백여 년 동안 〈마하〉 여인의 수수께끼를 풀기
위한 노력은 계속 이어져 왔다. 예컨대 1945년 스페인의 명문이었던
알바 가문은 명예 회복을 위해 알바 여 공작女 公爵의 유해를 발굴해
법의학자에게 감정까지 의뢰했지만 유골 훼손이 심해 진실을 밝히지
는 못했다.

　　한국에서도 2013년 문국진이라는 법의학자가 여러 그림에 등장하
는 마하와 알바 여 공작과 페피타 츠도우의 얼굴을 각각 3차원으로
복원하는 생체정보분석 방법을 동원해 그림의 여인이 고도이의 정부
라 주장했지만, 학계에서 널리 받아들여진 것 같진 않다. 아마도 〈마
하〉 여인을 둘러싼 수수께끼는 앞으로도 풀리지 않고 남아 흥미로운

스토리텔링을 계속해서 이어갈 것이다.

고야는, 대중의 관심이 집중된 〈마하〉 그림이 없었다 해도, 인류학적으로 관심을 불러일으키는 화가이다. 고야의 일생을 살펴보면 고난과 성공, 질병과 전쟁, 상실과 고독을 모두 경험한 예술가였다. 그는 늦은 나이에 힘들게 궁정화가가 되었고, 1792년에는 콜레라를 앓아 청력을 상실했으며, 1808년에서 1814년까지 이어진 프랑스 - 스페인 전쟁의 참상을 직접 경험했다. 이렇게 폭넓은 경험 세계를 고야는 충실히 그의 작품에 반영시켜, 궁정화가로서의 화려하고 밝은 느낌의 그림에서부터 어둡고 신랄한 메시지를 담은 판화에 이르기까지 실로 변화무쌍한 여러 형식의 작품을 남겼다.

전쟁의 참화를 묘사한 그림의 일부　　　　　　　　작품명 〈1808년 5월 3일〉

프라도 미술박물관에서 고야의 작품은 2~3층에 연이어 전시되어 있다. 그래서 2층에 들어서면 먼저 스페인의 일상적인 풍경을 묘사한 밝은 분위기의 초기 작품인 〈마드리드의 축제〉나 〈술래잡기〉 등의 관람을 시작으로, 고야가 카를로스 4세의 궁정화가가 되어 그린 〈카를로스 4세 일가〉를 거친 다음, 그 유명한 〈옷을 벗은 마하〉, 〈옷을 입은 마하〉를 감상하게 된다.

그리고는, 프랑스군에 의한 학살을 담은 〈1808년 5월 3일〉과, 마지막으로 말년에 '퀸타 델 소르도Quinta del Sordo'(귀머거리의 집)라고 부른 그의 집에 고립되어 살면서 벽화로 제작한 14편의 〈검은 그림〉 연작을 접하고 나면, 인간 고야가 겪었을 내면의 고뇌와 갈등이 숙제처럼 남는다. 결국, 그림의 감상 역시 한 화가의 삶을 둘러보는 또 다른 기회였던 셈이다. 참으로 인류학적 교재는 어디에나 있음에 감사한다.

끝으로, 고야의 판화집 〈카프리초스Caprichos〉에 남긴 그의 한 마디를 여기 새겨둔다.

"이성이 잠들면 괴물이 깨어난다!"

퀸타 델 소르도(귀머거리의 집)에서 남긴 〈검은 그림〉 연작 중,
가장 유명한 〈자식을 삼키는 사트루누스〉

영국박물관에는 영국이 없다, 그 대신 세계가 있다

〈영국박물관〉(British Museum)

34

오래전 영국 가디언지(紙)The Guardian의 죤스Jonathan Jones라는 기자가 쓴 글에서 다음과 같은 농담old joke을 보았다. "British Museum is that it doesn't have much that is British in it." "영국박물관에는 영국이 없다."라는 농담은 영국박물관에는, 해가 지지 않는 대영제국大英帝國(British Empire) 시절, 세계 각지에서 가져다 놓은 소장품으로 가득 채워져 있다는 것을 두고 나온 말이다. 세계 양대 박물관인 영국박물관British Museum과 루브르박물관Le musée du Louvre을 이야기할 때면 언제나 등장하는 주제가 식민주의와 문화재 약탈이다. 이 쟁점이 중요한 만큼 그동안 탈식민주의 인류학이나 탈식민주의 박물관학에서 충분히 비판적으로 다루어져 왔다. 그래서 여기서는 영국박물관이 간직한 또 다른 측면을 들여다보려 한다.

〈영국박물관〉이라는 장소는 대학 시절 내가 읽던 마르크스의 이야기에 묻혀 기억 속으로 들어왔다. 마르크스는 그의 영국 망명 시절 40년 동안 거의 매일 영국박물관 도서관에서 책을 읽고 글을 썼다고 한다. 마르크스는 박물관 문이 열리기 전에 미리 와서 기다리다 첫 번째로 입장하는 사람이었고, 문을 닫을 때까지 가장 늦게 남아있는 경우가 많아 때때로 도서관 측은 마르크스를 강제로 쫓아내야 했다고 전해진다. 이는 영국박물관이 곧 〈자본론〉의 구상과 집필이 이루어진 장소라는 말이 된다. 사실을 확인하기는 어렵지만, 그는 매일 똑같은 좌석에 앉아 집필했다는데, 좌석 번호가 G7이었다는 설이 있다.

영국박물관 도서관British Museum Library을 드나든 고정 멤버들의 면면을 보면 실로 영국 역사와 세계사에 빛나는 인사들로 가득 차 있다. 찰스 다윈Charles Darwin, 찰스 디킨스Charles Dickens, 토머스 칼라일Thomas Carlyle, 토머스 하디Thomas Hardy, 버지니아 울프Virginia Woolf, 오스카 와일드

Oscar Wild, H. G. 웰스Herbert George Wells는 그 명단의 일부이다. 그뿐만 아니라 영국박물관의 도서관은 갈 곳 없던 해외 망명객들이나 가난한 학자와 학생, 작가 지망생들에게 천국 같은 곳이었다. 현재 남아 있는 이용자 카드 기록에는 레닌, 간디, 버나드 쇼, T.S. 엘리엇의 이름이 포함되어있다. 러시아의 혁명가, 가난한 식민지 인도의 유학생, 16세 이후 정규 교육을 받지 못한 아일랜드의 작가 지망생, 그리고 하버드에 서 옥스퍼드로 유학을 온 미국의 수재 등 다양한 이방인들과 수많은 영국인이 모두 이곳에서 꿈을 키웠고, 결국 세상을 바꿔 놓았다.

영국박물관이 여느 박물관과 달리 대단한 박물관이라고 생각되는 이유는 설립 초기부터 지적知的 호기심에 가득 찬 인재들을 끌어들이는 〈도서관조직〉을 매우 비중 있게 발전시켜왔다는 점이다. 영국박물관 의 설립은 1753년이지만, 소장품이 공공에 개방된 해로 잡으면 1759년 이 된다. 어찌하든 세계 최초의 공공박물관이다. 통계에 따르면, 전 세계 박물관의 90%가 1945년 이후에 건립되었다 한다. 그렇다면 남보 다 거의 2백여 년을 앞선 박물관이다. 이 이른 시기에 영국박물관은 도서관 기능을 포함한 조직을 만들어 출범했다. 즉 1753년 창립되었을 당시에 만들어진 '인쇄과'라는 명칭의 부서가 도서관 기능을 담당한 것이다. 이 부서가 차츰 체계적인 도서관으로 성장을 거듭하였고, 20 세기에 들어, 박물관의 체제 안에서는 감당하기 어려운 속도로 진행된 도서관의 양적 팽창의 문제를 해결하기 위해 도서관법의 제정을 통하 여 1973년 영국도서관British Library(국립도서관)으로 독립적인 지위를 부여하 였고, 1997년에 드디어 박물관에서 도보로 10여 분 거리에 있는 유스 턴가(街)Euston Street에 건물을 신축하여 이전했다.

1997년 국립도서관British Library의 이전이 이루어질 때까지 영국박물관에서 도서관이 차지하는 비중이 얼마나 대단한 것이었는지는 도서관의 위치, 규모, 시설에서 뚜렷이 드러난다. 영국박물관 도서관의 열람실은 사각형으로 이어지는 박물관 건물의 한 중앙을 차지하는 대형 공간으로 모든 전시실에 연결되며, 런던에서 가장 크다는 푸른색의 돔rotunda 천장은 그 지름이 43m에 달해 참으로 웅장하면서도 아름다운 방이었다. 이 원형 열람실은 시드니 스머크Sydney Smirke의 설계로 1854년에 공사를 시작해 3년 후에 완공되었는데, 1997년 도서관이 독립된 건물로 떠난 뒤에는 지금도 박물관 내부의 중심 공간으로 방문객들의 사랑을 받으며 박물관의 특별 행사장으로 사용되고 있다.

영국박물관에는 일찍부터 도서관과 연계되는 〈인쇄, 그림 전시관〉을 별도로 마련하여 운영하여왔다. 이 〈인쇄, 그림 전시관〉에는 서구에서 제작된 국가적인 수준의 인쇄물, 간행물 등이 보관되어 있는데, 예르미타시 박물관과 함께 세계에서 가장 많은 간행물을 소장하고 있는 장소로 꼽힌다. 따라서 영국박물관 도서관의 소장품에는 세계 유일, 귀중본 등의 수식어가 붙는 역사적 문서나 인쇄물들이 넘쳐난다. 또 하나 중요한 점은, 영국박물관 소장 문서나 저작물들은 타 박물관과는 달리 대부분이 열람실에서 일반인들도 접근할 수 있도록 허용하여 연구자들에게 최상의 환경을 제공해왔다.

박물관 도서관 소장품 가운데는 그 유명한 앵글로 - 색슨의 서사시 〈베어울프Beowulf〉의 유일본, 알프레드 대왕Alfred the Great(재위 : 871~899) 시절에 작성된 〈앵글로 - 색슨 연대기Anglo-Saxon Chronicles〉, 민주주의에 관련된 가장 중요한 문서 중의 하나인 〈마그나카르타Magna Carta〉 원본 등이 있고, 근현대 영국의 경제 발전과 인도 관계 연구에서 필수적인 동인도회사의 1600년 이후의 모든 자료도 보관되어 있어 다양한 분야의 연구자들을 불러들인다. 아마 마르크스도 이러한 자료에 푹 빠져들었을 것이다.

　확실히 영국박물관에는 특수한 그 무엇이 있다. 그냥 유물이나 그림을 소장하고 전시하는 곳이 아니다. 유명 화가의 그림을 많이 전시하고 있는 루브르박물관과 비교해 보면 영국박물관에는 그림이 별로 없다. 그 대신 전시실이 〈이집트 - 수단 전시관〉, 〈그리스 - 로마 전시관〉, 〈중동 전시관〉, 〈아시아 전시관〉, 〈아프리카, 오세아니아, 아메리카 전시관〉, 〈영국 - 유럽전시관〉으로 나뉘어 전 세계의 문명을 한자리에서 비교 조망할 수 있도록 꾸며 놓았다. 여기에 앞서 언급한 〈인쇄, 그림 전시관〉과 〈도서관〉을 더하면 영국박물관이 세계 문명에 대한 비교연구의 중심을 지향했음이 드러난다. 그래서 리처드 램버트 영국박물관 이사회 의장은 다음과 같은 주장을 편 바 있다.

　　"영국박물관은 궁극적으로 문화간 영향에 대한 담론 형성을 위해 설립됐고, 이 역할을 해내려면 '글로벌 컬렉션'이 필요하다."

부연하면, 영국박물관에 영국은 없으나, 그 대신 세계가 있다는 말이다.

　램버트의 주장을 뒷받침해주는 사례로 2010년 당시 영국박물관 관장이었던 닐 맥그리고Neil MacGregor가 BBC방송에서 20주 동안 진행한 〈100개의 유물을 통해 보는 세계 역사A History of the World in 100 Objects〉라는 프로그램을 언급할 수 있겠다. 맥 그리고는 영국박물관이 소장하고 있는 유물 100점을 선정하여 각각의 주요 유물을 인류문화의 발전과 교류의 과정에 연결함으로써 여러 문화의 상호연관성을 보여주려 했다. 다양한 지역과 시대를 달리해서 등장한 유물들(도구, 무기, 기계, 예술품,

문서, 등등)이 인류 역사 진행 과정에서 어떤 역할을 담당했으며, 또 그것들이 다른 지역으로 전파되어 어떠한 연관 관계를 갖게 되었는지를 유물을 통해 풀어가는 이 프로그램은 비교적 성공적이라는 평가를 받았고, 얼마 뒤 같은 제목의 책으로 출간되어 역시 호평을 받았다. 이러한 노력과 시도가 영국박물관을 세계의 박물관으로 인식시키는 데 작용해온 것으로 보인다.

우리는 역사를 세계사적인 관점에서 조망해보기보다는, 우리가 사는 오늘에 대한 의도적 논쟁으로 만드는 데 익숙해져 있다. 그러는 가운데 세계사가 잉태하고 있는 끊임없는 연결의 문제가 실종된다. 우리는 세계를 향해 나아갈 준비가 되어있는가? 영국박물관을 나서며 문득 뇌리를 스쳤던 상념이다.

영국박물관 전경 가운데 푸른 부분이 도서관 열람실 (출처: 영국박물관 홈페이지)
영국박물관 도서관 열람실 1997년 이전 모습.

1990년 첫 방문 / 2014년 은퇴 후 차분히 다시 찾은 영국박물관
그리스 정부와 소유권 분쟁이 있는 엘긴 마블스 전시실 / 에집트, 수단 전시관

작은 박물관 중에서는
미국 최고라는 찬사가!

〈호놀룰루 미술박물관〉(Honolulu Museum of Art)

35

예상치 못한 곳에서 친구를 만나면 더욱더 반갑다. 호놀룰루 미술박물관이 그런 경우다. 하와이는 아름다운 해변과 이국적인 훌라댄스를 찾아 관광객이 몰려드는 섬이다. 그래서 박물관은 관심의 대상이 되기 어렵다. 지상낙원의 풍광과 힘든 경쟁을 해야 하는 호놀룰루 미술박물관은 그냥 지나치기에는 참으로 아까운 숨겨진 보물이라는 생각이 든다. 2003년 여름 한국문화인류학회가 주관한 〈하와이 한인 동포의 생활문화〉 연구팀을 이끌고 3주간 현지 조사를 위해 호놀룰루에 머물면서 마주하게 된 이 작은 미술박물관은 나에게는 전혀 기대하지 않은 곳에서 발견한 뜻밖의 보물이었다.

호놀룰루 미술박물관의 가치는 1969년부터 1992년까지 무려 20년 이상 미국국립미술관The U.S. National Gallery of Art의 관장으로 재직하면서 워싱턴의 미술관을 세계 최상의 미술박물관으로 만든 문화예술계의 거두巨頭 존 카터 브라운J. Carter Brown의 평가에서 확인할 수 있다. 그는 〈호놀룰루 미술박물관〉을 미국 최고의 작은 미술박물관the finest small museum in the United States으로 부르는 데 주저함이 없었다.

호놀룰루 미술박물관은 하와이 선교사 가문의 앤 라이스 쿡Anna Rice Cooke(1853~1934)여사가, 한국 유물 104점이 포함된, 자신이 소장하던 2,300점의 아시아 미술품을 기증하여 설립한 호놀룰루 미술 아카데미Honolulu Academy of Arts가 그 출발이었다. 1927년 4월 8일 앤 라이스 쿡 여사는 자신의 소장품을 전달하는 아카데미의 개관식에서 다음과 같은 희망을 피력했다 한다 : "미국인을 비롯해 중국인, 일본인, 한국인, 북유럽인 등 하와이에 사는 모든 사람은 인류 공통의 매체인 예술을 통해 연결될 것"이라고.

쿡 여사가 제안한 문화적 이해와 관용의 메시지는 다인종·다문화 공동체인 하와이 사회에서 큰 호응을 얻었고, 당시 뉴욕을 기반으로 활동하던 유명 건축가 버트람 굿휴Bertram Goodhue도 적극적으로 나서 아시아적 모티프를 서양적 요소와 결합한 작지만 특색있는 건물을 디자인해 오늘에 이르고 있다. 박물관 건물은 아시아 전통 문양의 기와를 얹은 독특한 외양으로, 가운데 중정中庭을 두고 그 양편에 서양의 지중해식과 동양의 전통 중국식 정원을 나란히 배치해 관람객의 동선이 하와이의 풍광과 자연스럽게 연결되는 구조를 갖췄다. 전시실 역시 서양미술과 하와이 전통 예술작품뿐 아니라 절반가량을 한국과 중국, 일본 등 아시아 미술로 꾸려놓아 다양한 인종으로 구성된 하와이 공동체가 각자의 문화적 전통을 이해하고 배우는 박물관으로서의 면모가 두드러진다.

　　호놀룰루 미술박물관은 1927년 개관과 동시에 중국, 일본과 더불어 한국실을 운영해왔다는 점에서 우리에게도 각별한 박물관이다. 하와이는 한국인의 미국 이민이 시작된 곳이다. 1903년 1월 13일 아침 102명의 한국이민을 태운 갤릭호가 호놀룰루 항에 도착했고, 그 후 1905년까지 총 7,291명의 한국인이 하와이로 이주해왔다. 나라를 잃고 머나먼 타국 하와이의 사탕수수 농장에서 힘든 삶을 영위하던 한인들에게 미국 최초로 설치된 한국미술 상설 전시실은 틀림없이 긍지의 원천임과 동시에 커다란 위로가 되었을 것이다.

　　현재 호놀룰루 미술박물관에는 5만 점 이상의 소장품이 있으며, 1만 6,000점이 아시아 미술 컬렉션인데, 그중 1,000여 점이 한국 미술품이라고 한다. 약 90㎡ 규모의 한국실에는 한국 전통 도자와 불화, 가구, 직물, 조각 등 수십 점의 미술품이 전시되어 있다. 전시물 중에서 조선 전기의 불화인 '석가설법도'는 보물급 문화재로 평가받는 작품이고, 고려청자 10여 점도 매우 높은 수준을 자랑한다. 그 외에 제작연도 1586년^(선조 19)이 기록되어있어 미술사적 가치가 높은 '계회도^{契會圖}'와 12폭 병풍 '해학반도도^{海鶴蟠桃圖}', '화조도' 8폭 병풍, 그리고 '나전흑칠모란당초문상자', '화각상자' 등의 목가구도 중요한 소장품이다. 이런저런 연유로 호놀룰루 미술박물관은 한국의 문화재청이나 국제교류재단 등을 통하여 한국과의 교류전을 추진하고 한국 미술사 전문 큐레이터를 파견하는 등 모범적인 협력관계를 유지해오고 있다.

2003년 처음 박물관을 마주한 이래 하와이를 방문하게 되면 시간을 내 호놀룰루 미술박물관을 찾았다. 그때마다 항상 이곳이 집처럼 편안한 장소처럼 느껴졌다. 우선 규모가 작고 아담해 부담이 없고, 하와이 특유의 친절한 자원봉사자들이 나서 전시에 대한 수준 높은 안내와 설명도 해준다. 또한, 전시실을 드나들며 하와이의 쾌청한 날씨와 아름다운 정원의 꽃들을 중정의 카페에 앉아 잠시 즐길 수 있다는 점도 이곳이 갖는 장점이다. 박물관에는 또 작은 영사실이 있어 거의 매일 문화 관련 영화가 상영되며, 매월 마지막 금요일 저녁에는 음악, 미술, 공연 등이 어우러지는 〈Art After Dark〉라는 야간 문화행사가 열려 축제 같은 분위기가 조성되기도 한다. 그리고 또 하나 챙길 수 있는 보너스는 호놀룰루미술관 스팔딩 하우스^{Honolulu Museum of Art Spalding House}라는 호놀룰루 미술박물관에 딸린 제2의 부속 현대미술관이다. 거리가 약간 떨어져 있어 이동해야 하는 불편이 따르지만, 호놀룰루 미술박물관의 입장권 하나로 이 두 개의 미술관을 모두 관람할 수 있으므로 시간을 내 언덕 위에 자리한 스팔딩하우스의 넓은 잔디 정원에서 호놀룰루 시가지의 아름다운 전경을 작품들과 함께 즐길 수 있다. 마지막으로 호놀룰루 미술박물관에는 아시아 미술품 이외에도 모네,

고흐, 고갱, 피카소 등 서양의 유명 작가의 작품도 넘쳐난다는 사실을 지적해 두어야 할 것 같다. 하나의 예를 들면, 그 유명한 폴 고갱의 '타히티 해변의 두 여인'같은 작품도 있는데, 이러한 그림을 폴리네시아 문화권인 하와이의 미술관에서 보면 참 잘 어울린다는 생각이 든다.

호놀룰루 미술박물관 전경 (입구 쪽) / 입구의 그림이 인상적이다.
전시실 사이에 꾸며놓은 두 개의 정원 / 자원봉사자 우리가 잘 몰랐던 세계 여러 다른 문화권의 전통 직물
디자인 특성에 대한 전문적인 해설을 참 친절하게 해주었다.
동양미술 전시실 / 전시실 사이에 마련된 야외 휴식공간
한국실 입구

239

동양미술전시실
폴리네시아 전시실
현대 미국미술 전시실
16세기 금선묘불화 석가설법도

스팔딩 하우스의 관람객 참여형 전시 작품
스팔딩 하우스의 Cafe에서
스팔딩 하우스의 정원
스팔딩 하우스 야외 전시작품

나름의 개성과
콘텐츠를 갖춘 미주리대학,
하버드대학의 박물관

미국의 대학박물관들

36

몇 년 전 연구 관련 협의차 우리 대학
과 자매결연을 한 미주리대학을 방문
한 적이 있다. 미주리대학이 위치한
도시 컬럼비아는 끝없이 펼쳐지는 옥
수수밭 평원 한가운데에 있는 인구 12
만이 못 되는 작은 캠퍼스 타운campus
town이다. 학생 3만 명, 교수 3천 명,
직원 1만 3천 명이니 인구의 절반가량
이 대학의 사람들인 셈이다. 미대륙
한복판의 작은 시골 도시 컬럼비아로

가는 길은 멀었다. 인천 - 시카고 - 컬
럼비아로 연결되는 항공편을 택했는
데, 시카고 오헤어공항에서 아주 작은
비행기로 갈아타는 여정이었다.

컬럼비아 가는 길1 오랜만에 타보는 작은 비행기
컬럼비아 가는 길2 비행기도 가족적 분위기이다.

　　대학에서 일을 보는 가운데 습관대로 박물관 탐방에도 나섰다.
미주리대학에는 인류학박물관Museum of Anthropology, 고고미술考古美術박물
관Museum of Art and Archaeology, 그리고 곤충학박물관The Enns Entomology Museum
이 있었다. 인류학박물관에는 미국의 선사先史시대유물과 미국 중부
대평원大平原인디언 관련 유물을 중심에 두고, 그 외에 유럽의 구석기舊石
器(Oldowan and Acheulean Stone Tools), 아프리카 유물African Axes, 중국의 복식服飾
관련 유물 등으로 인류 문화의 다양성을 보여주는 전시실이 이어졌다.
곤충학박물관은 놀랍게도 1874년에 설립된 역사가 오랜 박물관이었
고, 6백만이 넘는 곤충표본을 소장하여 주요 대학의 연구박물관으로
손색이 없었다. 이는 아마도 대부분의 중서부지역 주립대학들이 지역

의 중심산업인 농업 관련 연구에 집중투자 하며 출범했던 역사를 반영하는 것으로 보인다. 고고 미술박물관은 일종의 놀라움을 안겨주었다. 왜냐하면, 소장 전시품의 내용이 고대 이집트, 그리스, 로마, 비잔틴의 유물을 포함하고 있을 뿐만이 아니라 15세기에서 현대에 이르는 유럽과 미국의 수준 높은 회화까지 망라하고 있었기 때문이었다. 인구 12만의 작은 시골 도시에 이런 수준의 예술품을 소장하고 전시하는 미술박물관이 있다는 사실이 놀라웠다. 물론, 이는 대학이라는 존재가 교육과 문화 향유 기회 제공을 통해 지역사회에 이바지하는 한 단면일 것이다.

Louise Ribak의 〈Nocturne〉(1937)

Abert Pels의 〈American Tragedy〉(1936)

Frederick E. Shane의 〈Aesthetes〉

Jack K. Steele의 〈The Battle of the Overpass〉(1938)

미주리대학의 고고 미술박물관에서 접한 고대 아시아 및 유럽의 유물은 어찌 보면 다른 박물관에서도 볼 수 있는 유물들이기에 여기서 굳이 설명할 필요를 느끼지 않는다. 대신, 그 많은 유물과 예술품들 속에서 특별히 나의 시선을 사로잡은 작품은 지역사회와 관련 있는 내용을 담은 그림 몇 점이었다.

그 첫 번째는 1937년 디트로이트 포드자동차 공장 노동자들의 파업 과정에서 말을 탄 경찰이 무자비하게 진압하는 장면을 묘사한 작품이었다. 그 당시 실제의 폭력적인 현장을 촬영한 지방지 기자의 사진 한 장이 시민의 정서가 노동자의 편에 서도록 만드는데 결정적 계기가 되었다고 전해진다. 바로 이러한 역사적 사실을 인근 지역 캔사스 출신 화가로 사회적 현실주의를 추구했던 스틸Jack K. Steele(1919~2003)이 작품으로 남긴 것이다. 작품명은 'The Battle of the Overpass'로 1938년 작으로 알려져 있다. 두 번째와 세 번째는 음습한 숲속으로 비밀스럽게 잠행하는듯한 KKK단원들의 모습을 형상화하여 백인 극우 집단의 암약을 고발하는 작품과 흑인에 대한 린치를 사실적으로 묘사한 작품이다. 이 두 작품 모두 20세기 중반 미 중남부지역에 남아있던 KKK단과 인종차별의 문제를 부각한 사회적 발언의 성격을 갖는다. 두 번째 리박Louis Riba(1902~ 1979)의 작품은 'Nocturne'이라는 제목을 달아 은유적 풍미를 더했고, 세 번째 펠스Abert Pels(1910~1998)의 작품은 직설적으로 'American Tragedy'라는 제목을 달고 있다. 네 번째의 작품은 미주리대학의 미술교수로 재직했던 셰인Frederick E. Shane(1906~1992)의 작품으로, 1930년대 어느 주말 오후 미주리대학 인문학 교수들의 자유분방한 담소의 광경을 묘사한 작품이다. 이들 작품을 잘 들여다보면 노동, 인종, 지성과 같은 보편적 주제를 지역 현실과 결부시켜 사회를 향한

발언을 하고 있다는 공통점이 있어, 대학미술관의 전시작품 선정 의도
와 사려 깊은 안목을 헤아려보도록 만든다. 미주리대학의 미술박물관
은, 그러한 점에서, 미대륙의 허허벌판 한가운데에서도 세계와 소통하
며 사회적 발언을 쏟아 내는 역동적인 현장이 될 수 있다는 깨달음을
우리에게 던진다.

미주리대학 박물관 / 미주리대학 인류학박물관에서
미주리대학 인류학박물관 내부 / 미주리대학 미술박물관 전시실

미국의 대학 중에서 가장 훌륭한 박물관 체제를 갖춘 곳은 아마 하버드대학일 것이다. 하버드에는 박물관museum의 명칭을 사용하는 거대한 기관이 일곱 개에 달하고 박물관 기능을 갖는 기구를 포함하면 그 숫자는 더 늘어난다. 하버드대학의 박물관 중 가장 널리 알려진 하버드 미술박물관Harvard Art Museums은 사실은 포그 박물관Fogg Museum, 부시-라이징거 박물관Busch-Reisinger Museum, 아서 M. 새클러 박물관Arthur M. Sackler Museum이라는 세 개의, 콘텐츠를 달리하는, 박물관으로 구성되어 있어 유럽의 명화에서부터 아시아의 희귀작품에까지 이르는 세계적 수준의 컬렉션을 자랑한다. 그 외의 박물관은 고대 근동의 하버드 박물관Harvard Museum of the Ancient Near East, 하버드 자연사 박물관Harvard Museum of Natural History, 비교 동물학 박물관Museum of Comparative Zoology, 지구 지질학 박물관Mineralogical and Geological Museum, 워렌 해부학 박물관Warren Anatomical Museum, 피바디 고고학/민족학박물관Peabody Museum of Archaeology and Ethnology인데, 모두 관련 학문 분야에서의 연구 기능을 동시에 수행한다는 점에서 대학 교육과정에서 중요한 역할을 담당하고 있다. 이들 박물관 중에서 마지막의 피바디박물관이 인류학박물관으로, 나에게는 좋은 추억의 장소로 기억되는 곳이다.

1987~1988년 나는 하버드 옌칭연구소Harvard-Yenching Institute의 초청으로 1년간 하버드에 머물렀다. 그 당시는 인터넷이 등장하기 전이었고 한국에서는 소련이나 중공의 자료를 쉽게 접할 수 없던 시기였다. 그래서 해외 거주 한인사회 연구를 시도하던 나는 소련과 중국 자료가 풍부한 하버드 옌칭연구소에 연구과제를 냈었고, 그것이 선정되어 1년 동안 자유롭게 와이드너Widener Library와 옌칭도서관을 드나들며 자료수집에 열중했다. 그런데 미국의 연구지원은 선발은 꼼꼼하게 하지만

일단 선정이 되면 아무런 제약을 가하지 않았다. 그야말로 학자의 양심을 믿고 연구자의 자율에 모든 것을 맡겨 하버드에서의 일 년은 참으로 자유로운 영혼으로 살았던 것 같다. 한 달에 두 번 가졌던 콜로키엄과 세미나 후 하버드스퀘어의 맥줏집 Wursthaus에서의 환담, 그리고 무엇보다도 자료검색에 지쳐가면, 교정校庭을 거닐어 여러 박물관을 돌아보던 일들이 즐거운 추억으로 남아있는 것이다. 박물관 중에서는 옌칭연구소 바로 건너편에 있던 피바디박물관을 제일 많이 드나들었다. 피바디박물관은 인류학과건물 바로 옆에 자리해 마치 친정집처럼 느껴졌다. 1866년에 설립된 피바디박물관은 세계에서 가장 오래된 대학의 인류학박물관으로 소장품이 140만 점을 넘어 세계 거의 모든 지역의 인류학적 자료가 모여 있기에 두고두고 다녀도 싫증이 나지 않는 곳이다. 마침 연구소에서 잡아준 아파트가 대학에 붙어있어 시간이 나는 주말이면 당시 유치원 다닐 나이였던 아이들을 데리고 박물관에 가곤 했다. 아마 아이들이 놀면서 배우기 가장 좋은 장소가 박물관이 아닐까? 여하튼 하버드에서 지낸 일 년은 그 많고 다양한 박물관들 때문에 지루함을 모르고 지낸 세월이었다. 박물관에 감사하는 마음을 갖는 이유이다.

하버드 피바디박물관과 인류학과 건물
피바디박물관 중남미문명전시실 (박물관제공사진)
1987-88년 하버드옌칭 연구소 방문학자로 있을 때 아이들과 피바디박물관을 가보곤 했다.
피바디박물관 북미인디언전시실 (박물관제공사진)

1,300m로 끝난 역사상 가장 짧은
처녀 항해 이야기를 담은 박물관

〈바사 박물관〉(Vasa Museum)

37

스웨덴에서 사람들이 가장 많이 찾는 박물관은 뜻밖에도 오직 배 한 척을 위해 세워진 조그마한 박물관이다. 세계 최대의 여행 웹사이트 TripAdvisor가 선정한 2015년도의 세계 10대top 10 list 박물관 리스트에 이름을 올린 유일의 스웨덴 박물관이 〈바사 박물관Vasa Museum〉인데, 바로 이 〈바사 박물관〉은 배 한 척에 대한 이야기를 담기 위해 만들어졌다. 스웨덴 정부가 발표한 2017년 통계에 따르면 그 해 〈바사 박물관〉 방문객 수는 1,495,760명에 달했으며, 1990년 이래 2017년까지 2천 8백만 명이 다녀갔다. 그렇다면 오직 배 한 척을 전시하는 박물관이 어떠한

박물관의 그림엽서
박물관 앞에서

이유로 그 많은 사람을 끌어들이는지 궁금해진다. 무언가 만인의 호기심을 자극하는 흥미진진한 이야깃거리가 있을 것이다.

스웨덴의 전함 바사Vasa호는 1625년, 북쪽의 사자The Lion of the North로 불리던, 바사 왕가의 구스타프 2세 아돌프 왕Gustav II Adolf의 명령으로, 1626년 건조가 시작되어 다음 해에 건조가 완료되었다. 바사호는 10개의 돛을 수용할 수 있는 대형돛대 3개를 장착하고, 높이 52m, 길이 69m, 무게 1,200t에 달하는 강력한 군함으로, 거기에 대포 64문을

장착하였으니 바사호는 무적無敵 스웨덴 해군 함대의 상징으로 손색이 없어 보였다. 그런데 이 막강해 보이던 군함이 1628년 8월 10일 처녀 항해 때 단지 1,300m를 가고 침몰한 것이다. 그 후 바사호는 바닷속 뻘밭에 333년 동안 묻혀있었다. 이렇게 극적인 최후를 맞은 바사호가 오랜 세월이 흐른 뒤 수많은 난관을 뚫고 인양되어 세상에 그 모습을 다시 드러내었으니, 어찌 보면 그를 위한 박물관의 설립은 당연한 귀결이었으리라!

　바사호를 둘러싼 흥미로운 이야기는 물론 믿어지지 않는 항해 첫날 침몰의 순간에서부터 시작된다. 바사호가 첫 출항을 하던 날, 만 명에 가까운 시민들이 바사호의 모습을 구경하기 위해 해안가로 모여들었고 갑판 등 배 전체가 화려하게 장식돼 보는 이들의 환호를 받았다고 전해진다. 〈바사 박물관〉의 홈페이지에 실려 있는 바사호의 침몰광경은 다음과 같다.

> "1628년 8월 10일, 바사호는 Tre Kronor 성 아래에 있는 계류장에서 풀려났습니다. 포문이 열리고, 모든 대포는 바깥쪽을 향했으며 예포가 발사되었습니다. 이 거대한 군함은 천천히 항해를 시작했습니다. 그러나 몇 차례 돌풍이 불자 배는 옆으로 기울어졌습니다. 열린 포문 사이로 물이 스며들면서 바사호는 침몰하고 말았습니다. 약 150여 명의 승선자 중 최소 30명이 사망했습니다."

　바사호에 대한 스토리텔링은 당연히 처녀 항해 때의 침몰을 놓고 시작된다. 우선 원인분석이 여러 갈래다. 많은 이는 설계의 잘못 가능성을 말한다. 스웨덴 왕은 1625년 네덜란드의 유명 배 설계자인

Henrik Hybertsson와 계약을 했는데, 배의 건조가 막 시작된 1626년 그가 병으로 사망하여 작업이 그의 조수 Hein Jakobsson의 손으로 넘어갔다. 조수의 능력이 검증되지 않았다는 점에 주목하여 기술 혁신이 요구되는 새로운 군함설계에 하자 발생 가능성이 있다고 보는 것이다. 또 다른 이는, 당시 북쪽의 사자獅子로 불리던 구스타프 2세 아돌프 왕이 강력한 군함에 대한 욕심이 지나쳐 너무 많은 함포의 배치를 요구하는 등, 배 설계에 무리를 초래했다고 지적한다. 즉 원래 함포는 1개 갑판 배치가 통상적인데 아돌프 왕이 더 많은 함포를 요구함에 따라 포열 갑판이 두 개의 층으로 확대되었고, 첫 항해 당시 2개 층의 포열 갑판의 문들이 예포 발사를 위해 모두 열려있어 바닷물의 침수가 예상보다 빠르게 진행되었다는 것이다. 이외에도, 설계는 네덜란드, 건조는 스웨덴 기술 인력인 상태에서 양국 기술자들이 쓰던 기준자尺의 길이가 조금 달라 바사호의 좌현이 우현보다 무겁게 건조되었고, 그러한 비대칭 모양이 침몰의 원인이 되었다는 주장도 있고, 혹자는 바사호가 스웨덴 최고의 위용을 자랑하기 위하여 부착한 지나치게 과다한 조각 장식이 선박의 안정성에 부정적인 영향을 끼쳤음을 지적하기도 한다.

스톡홀름항구 연안에 침몰한 바사호는 그냥 방치되지 않고 17세기까지 관심의 대상이 되었다. 바사호에 탑재된 함포와 처녀 항해 시 실었던 물건들이 그냥 버려두기에는 값진 물품이었기 때문이었다. 바이킹의 후예답게 스웨덴 해군은 실제로 1663~1665년에 현대의 다이빙 벨diving bell과 비슷한 특수 잠수 기구를 제작하여 바사호에 탑재된 함포를 인양한 기록이 남아있다. 그 후 잊혔던 바사호는 20세기 초 검은 참oak나무로 만든 가구가 인기를 끌자 스톡홀름항구 앞바다 어디엔가

가라앉아있을 바사호의 검은 참나무 선체船體를 사겠다는 사업가가 등장하기도 했다.

1950년대에 들어 스톡홀름대학의 유명 역사학 교수였던 Nils Ahnlund가 17세기에 침몰한 선박에 대한 책을 펴내어 바사호에 관한 대중의 관심을 다시 불러일으켰고, 스웨덴 해군의 엔지니어이자 아마추어 고고학자로 스웨덴 해군의 침몰한 선박들에 관심을 가져왔던 Anders Franzén이 1954년부터 바사호의 위치를 본격적으로 추적하기 시작했다. Franzén은 방대한 문헌 조사에 머무르지 않고 그가 개발한 특수 채광기구coring device를 사용하여 항구의 여러 지역을 탐사한 결과 1956년 8월 25일 마침내 바사호의 위치를 정확히 짚어낼 수 있었다.

Anders Franzén과 잠수부 Per Edvin Fälting가 30m 해저에서 발견한 바사호는 놀랍게도 보존상태가 양호했다. 그들의 과장된 표현을 빌자면 바사호는 마치 다음 항해를 기다리고 있는 것처럼 보였다고 한다. 나중 인양 후 복원한 선체는 98%가 원래의 부품을 사용할 정도로 상태가 좋았으니 참으로 특별한 경우가 아닐 수 없다. 이는 스톡홀름항구 앞바다 바닷물의 염도가 낮아 목선의 파손을 가져다주는 어패류의 서식이 어려웠고, 동시에 수온이 지나치게 낮아 목선에 치명적인 배벌레shipworms도 없었으며, 심지어 오랜 기간 항구에 유입된 하수와 오물은 박테리아의 활동마저 불가능한 환경을 조성한 것으로 나중에 분석되었다. 문제는 해저의 뻘 속에 파묻혀있는 거대한 선체를 어떻게 인양하느냐였다.

인양작업은 1957년 케이블을 선체의 아래로 통과시켜 배 전체를 끌어 올릴 수 있도록 잠수부들이 선체 아래에 터널을 파는 작업으로 시작되었는데, 이 작업은 2년이 걸렸다. 1959년 8월에는 선체에 엉켜

1663-1665

17세기형 다이빙 벨을 이용하여 바사호에서 함포를 인양

바사호의 인양작업

있는 뻘흙을 펌프로 걷어내고 선체를 조금씩 들어 올리는 작업이 시작되었다. 그리고 1년 반 뒤 여러 가지의 기술적 난관을 뚫고 1961년 4월 24일, 14,000개 조각의 목재 부분이 인양되었다. 1961년 4월 24일 바사호가 333년의 긴 세월을 견뎌내고 그 모습을 드러내는 광경은 각종 언론매체를 통해 실시간으로 국내외에 널리 알려졌다.

1962년에는 와사 조선소Wasa Shipyard에 바사 선체船體를 안치하고 전문가들과 목수 등이 바사호의 복원과 보존을 위한 작업을 본격화했다. 이러한 광경은 일반인에게도 공개되었는데 1962년 한 해 동안에만 439,300명이 유료관람권을 구매하여 작업상태의 바사호를 구경하러 왔다. 그런데 300년 이상을 바닷속에 잠겨있던 선박의 복원작업은 결코 쉬운 일이 아니었다. 바닷물을 잔뜩 머금은 목재는 건조 과정을 거치며 쪼그라들거나 금이 가기 쉽다. 전문가들은 선체에 물을 뿌리는 작업을 계속하여 배의 갈라짐을 막고, 9년간의 건조 과정을 거쳤고 보존제를 17년 동안 발랐다. 그래서 1979년까지 계속된, 당시의 최첨단 문화재 복원 기술이 적용된, 복원과 복구의 전 과정은 그 자체가

인양된 선박 복원작업 (박물관 홈페이지 제공사진)   바사호 인양 후의 모습

박물관학도가 기억해야 할 또 하나의 역사로 남았다. 선체의 복구 작업 이외에도 선박에서 발견된 여러 종류의 유물 분석 통하여 선박에서의 생활상을 복원하는 작업도 병행해서 이루어졌다. 이러한 작업의 결과는 1990년 박물관이 건립되면서 17세기 스웨덴 해군의 선상생활을 보여주는 전시콘텐츠가 되었다. 1990년 건립된 바사 박물관은 공모를 거쳐 결정되었는데 무려 384개의 설계 제안이 들어왔고, 최종 채택안은 스웨덴의 유명 건축가 Marianne Jakobbäck 와 Göran Månsson의 몫이었다. 신축된 박물관 건물은 구리로 만든 지붕과 바사호의 실물 크기의 돛대가 이곳이 선박에 관한 박물관임을 잘 나타내 준다. 뚜렷한 인상을 남기는 특색 있는 건축물이다.

　　바사호를 둘러싼 연구는 지금도 계속되고 있다. 오래된 목재의 습도 조절 문제에 관한 연구, 선박과 함께 인양된 선원 유골을 최신의 영상기법을 동원하여 인물을 복원해보는 작업, 나무와 볼트의 수명연장 문제 등 바사호를 최대한 잘 보존하기 위한 연구가 꾸준히 이어지고 있는 것이다. 복원 이후 바사호를 박물관에 전시하는 과정에서도 꾸준한 연구개발이 이루어지고 있다. 예를 들면, 선체에 400개 이상의 미세한 움직임을 감지할 수 있는 장치를 부착하여 뒤틀림을 방지하고 있으며, 온습도 조절 장치를 설치하여 공기 접촉으로 인한 부식을 막고 있다. 마침 한국에도 1976년 전라남도 신안 앞바다에서 14세기에 침몰한 원나라 무역선이 발견되어 수만 점의 유물을 건져낸 경험이 있다. 그리고 인양된 선박과 유물을 보관, 전시, 연구하기 위해 목포에 〈국립해양문화재연구소〉를 설립했다. 아마추어 고고학자들은 바사호와 신안의 무역선을 비교해가면서 양 박물관을 보면 더욱더 흥미로울 것이다.

신안유물전시관으로 쓰이는 목포의 국립해양문화재연구소 건물 디자인이 너무 관료적인 느낌이다.

바사박물관 메인 전시실
전시실 내부의 모형들
바사호 선실
바사호의 화려한 장식 조각

미술사적美術史的으로
가장 영향력 있는 미술박물관

〈뉴욕 현대미술 박물관〉
(New York Museum of Modern Art)

38

세계에는 여러 유형의 박물관들이 존재한다. 인류문명의 보고寶庫역할을 하는 박물관에서부터 국민통합의 전당으로서, 또는 역사적 기억과 사회적 발언의 기능을 하는 박물관에 이르기까지 다양한 종류의 박물관들이 있는 것이다. 그러면 뉴욕의 현대미술박물관은 어떠한 박물관일까?

〈뉴욕 현대미술 박물관〉은 미술사적美術史的인 측면에서 가장 영향력이 있는 박물관이라는 생각이다. 미술사적으로 영향력을 행사한다는 말은 뉴욕현대미술관이 보여주는 작품들이 새로운 시도로 후대에까지 영향을 끼친 작품, 작품이 만들어진 시대를 반영하는 작품, 조형적 기교가 특별한 작품, 미학적, 철학적 기반이 튼튼한 작품 등, 각별하게 창의적인 작품들이 주류를 이루기 때문이다. 이렇게 실험적 작품이 가득한 현대미술관에서, 어찌 보면 생소하고 뜬금없고 때로는 기발한 화가들의 세계를 섭렵하는 경험은 우리가 예상치 못한 각도에서 사물을 바라보도록 자극하고, 잠자고 있던 창의적인 상상력과 내면의 깊은 통찰을 불러일으키게 만든다. 특히 뉴욕의 현대미술 박물관NY MOMA이 그렇다.

〈뉴욕 현대미술 박물관〉은 미술애호가 Abby Aldrich Rockefeller가 수집가 Lillie Plummer Bliss와 미술사학자 Marry Quinn Sulivan과 함께 기존의 미술박물관들이 오랜 세월 동안 유지해온 보수적 정책과 전통적 운영방식의 한계를 논論하는 과정에서 새로운 형식의 미술관이 필요하다는 결론에 이르러 태동하였다. 이들 3인은 1929년 11월 7일 맨해튼의 Heckscher Building 12층에 새로운 시도를 위한 여섯 개의 작은 전시공간을 만들었는데, 이곳에서 처음으로 유럽 근대주의European Modernism 경향의 작품을 일반에 공개한 것이다. 이 전시공간에서는 서사 중심의 전통 미술을 제외했다는 점에서, 미국에서 등장한 첫 번째 현대미술관MOMA이라 하겠다. Abby의 남편인 석유 재벌 록펠러John D. Rockefeller Jr는 전통주의자로서 부인 Abby의 그런 시도를 탐탁지 않게 여겨 초기의 지원을 거부했다고 한다. 다만 미술관에 대한 대중의 반응이 매우 긍정적이어서 기업가 A. Conger Goodyear의 지원이 있었고, 미술사학이자 관장이었던 Alfred H. Barr Jr,가 1935년 기획한 Van Gough 특별전의 대성공 등을 거치며 뉴욕 현대미술박물관은 몇 차례 장소를 옮기는 가운데 현대미술 전문기관으로 성장을 이어갈 수 있었다. 이러한 성과를 바탕으로 1937년 Abby의 아들 Nelson Rockefeller가 미술재단의 이사장으로 취임하였고, Abby의 남편 John D. Rockefeller로부터는 새로운 미술관 건물을 약속받게 된다. 미국 건축가 Philip C. Johnson과 Edward Durell Stone에 의해 설계된 현대식 건물은 1939년 5월에 완공되었는데, 2002년에는 일본인 건축가 Yoshio Taniguchi의 설계로 2년에 걸친 대대적인 증·개축이 이루어졌다. 뉴욕의 심장부 맨해튼 한복판에 자리한 MOMA는 630,000 square feet에 달하는 널찍한 전시공간 외에 강당, 강의실, 수장고, 조각 정원, 그리고 7만 명에 달하는 예술가에 대한 개인 자료 파일을 갖춘 도서실 등 모든 필요한 부대시설을 완벽하게 갖췄다.

　　19세기 말 유럽의 미술계에는 새로운 바람이 일고 있었다. 우선 피카소가 현대미술의 아버지라 불렀던 세잔Paul Cézanne은 미술을 자연이나 현실을 새롭고 독창적인 논리로 다시 배열하는 것이라고 정리함으로써 인상주의印象主義(impressionism) 등장의 길을 열었다. 20세기에 들면 외부의 가시적인 현실을 충실히 묘사하는 전통에서 벗어나 내부의 감성을 쫓는 입체파cubism, 야수파fauvism, 추상적 표현주의abstract expressionism 등 여러 갈래의 새로운 경향이 나타나게 되었다. 그리고 새로운 움직임은 제2차 세계대전 이후에도 신新모더니즘neo-modernism 혹은 포스트모더니즘post-modernism으로 이어졌다. 그리하여 일부 급진적인 미술인 서클에서는, 프랑스의 예술가로 1955년 미국으로 귀화 한 마르셀 뒤샹Henri-Robert-Marcel Duchamp이 말했듯이, "아름다움만을 추구하던 전통예술은 단지 망막이나 자극하는" 〈가짜예술〉이 되어 폐기되었다. 이렇게 20세기의 미술은 기존의 질서와 전통에 회의를 표하며 과격하리만큼 혁신적인 미술 양식을 쏟아냈는데, 그 중심은 이제 파리가 아니고 뉴욕이었다. 특히 제2차 세계대전이 끝난 1950년대 이후가 그렇다. 수많은 유럽의 예술인들이 전쟁의 고난을 피해 드보르자크가 일찍이 신세계新世界라 명한 미국으로 건너왔고, 다양성과 자유가 넘쳐나는 뉴욕은 자연스레 그들의 활동무대가 되었다. 확실히 20세기 중반 뉴욕은 세계의 예술가들을 끌어당기는 그 무엇을 지니고 있었다. (그러하기에 한국의 김환기 화백도 1963년 홍익대 교수의 자리도 버리고 뉴욕의 가난한 작가의 생활을 택하지 않았던가?) 뉴욕이 제공하는 자유와 창의의 공간에서 수많은 예술가가 새로운 시대정신을 담아내는 일에 열중이었고, NY MOMA는 그들의 작업을 지원하고 널리 알리는 역할을 충실히 감당해냈다.

위에서 언급된 19세기 말에서 20세기에 이르는 이러한 미술계의 흐름은 뉴욕 현대미술박물관의 컬렉션에 잘 반영되어있다. 150,000만 점에 달하는 NY MOMA의 소장·전시작품 중에는 세잔Paul Cezanne의 '목욕하는 사람the Bather', 고흐Vincent Van Gogh의 '별이 빛나는 밤The Starry Night', 고갱Paul Gauguin의 '아레오이 씨앗The Seed of the Areoi', 피카소Pablo Picasso의 '아비뇽의 여인들Les Demoiseels d'Avignon', 모네Claude Monet의 '수선화Water Lilies', 마티스Henri Matisse의 '춤Dance', 달리Salvador Dali의 '기억의 지속The Persistence of Memory', 몬드리안Piet Mondrian의 '브로드웨이 부기 우기Broadway

Boogie Woogie', 샤갈Marc Chagall의 '나와 마을I and the Village', 폴락Jackson Pollack의 '31번Number 31', 와홀Andy Warhol의 '마릴린 먼로'와 '캠벨 수프 통조림 Campbell's Soup Cans' 등 여러 갈래 계파의 중심화가 와 작품들, 부연하면 후대에 깊은 영향을 미친 모더니즘 계열에 속하는 여러 계파의 대표적 작품들이 망라되어 방문객을 맞는다. 나의 경우, 고흐의 '별이 빛나는 밤'이 이곳에 있다는 사실을 발견하고 어찌나 반가웠는지! 고흐가 별이 있는 밤하늘을 그린 작품은 오직 세 편에 불과한데, 그가 1889년 상 레미의 정신병원에서 나와 기억에 의존해 그린 이 작품에서는 밤하늘 을 소용돌이처럼 묘사해 더욱더 인상적이다. 그런 이유로 '별이 빛나는 밤The Starry Night'은 고흐의 작품 중에서도 서양 미술사美術史에 길이 남을 최고의 걸작으로 꼽힌다. 그런데 바로 이 작품을 1941년 NY MOMA가 사들인 것이다. 나는 고흐의 이 작품 앞에서 대학 시절 내가 좋아했던 돈 매클린Don McLean의 노래 '빈센트Vincent'의 가사를 속으로 읊었다. 뉴 욕 인근에서 태어나고 뉴욕에서 대학을 다닌 매클린이 아마도 NY MOMA에서 고흐의 '별이 빛나는 밤'을 보고 자랐기에 이 노래를 작곡 했을 것이라는 상상을 하면서...

별이 빛나는 밤, Starry, starry night,

당신의 팔레트를 파랑과 회색으로 물들이고,

Paint your palette blue and gray,

여름날, 밖을 보아요,

Look out on a summer's day,

내 영혼의 어둠을 알아보는 그 눈으로..

With eyes that know the darkness in my soul.

....

이제 알 것 같아요, 당신이 내게 말하려 했던 것들을,

Now I think I know what you tried to say to me,

그리고 당신이 온전한 정신을 찾으려 얼마나 고통받았는지,

And how you suffered for your sanity,

그리고 사람들을 자유롭게 하려고 얼마나 노력했는지,

And how you tried to set them free,

그들은 들으려 하지 않았고, 지금도 여전히 듣지 않고 있지요.

They would not listen, they're not listening still.

아마도 영원히 귀를 기울이지 않겠지요.

Perhaps they never will.

뉴욕은 추상표현주의 미술의 중심이라 한다. 현대미술에 문외한인 내가 그 내용을 잘 알 순 없지만, 다원주의를 표방하는 현대미술은 그저 난해하고 이해하기 어렵다. 그래서 역설적으로 자유롭고 재미있다는 생각도 든다. 현대미술은 작가는 자유롭게, 그리고 나는 내 방식대로 이해하고 즐기면 되는 것이다. 현대미술에는 정답이 없기 때문이다. NY MOMA가 편안한 이유이다. 세계적 명화가 가득한 유명 미술박물관을 갈 때면 공부하러 간다는 기분이 들 때가 있다. 반면에 현대미술관으로 가는 걸음은 소풍처럼 즐겁고 가볍다. 2005년 어느 가을날, 편안한 마음으로 NY MOMA에 도착해 조각정원 앞에서 마주친 첫 작품이 워싱턴의 스미스소니언을 드나들 때 자주 본 미로Joan Miro의 달 새Luna Bird였다. 친숙한 작품이 반가워 사진을 찍었다. 그날 그렇게 NY MOMA에서의 즐거운 소풍이 시작되었다.

NYMOMA 전경

입구 홀에서 바라보는 조각공원

입구에서 만나는 미로(Joan Miro)의 달 새(Luna Bird)

로댕의 〈발자크 상〉　로댕은 발자크의 작가로서의 열정과 집중, 그리고 그의 경륜을 추상화하여 표현하고자 했다. 동상제작을 의뢰했던 인문협회는 작품이 사실적이 아니라고 퇴짜를 놓았다. 그래서 작품제작은 로댕 사후 한 참 뒤에야 이루어졌다. 당시 혹평을 받았던 작품이 이제는 명작으로 간주된다.

자동차 자체가 욕망을 자극하는 작품

어느 인류학자의 박물관 이야기

샤갈의 〈마을과 나〉 / 달리(Salvador Dali)의 〈기억의 지속〉(The Persistence of Memory)

전시공간 / 피카소의 〈아비뇽의 여인들〉과 미국작가 Faith Ringgold의 〈American People Series #20 Die〉
1965년 LA인종차별 폭동을 묘사한 것이라 한다.

미국작가 폴락(Jackson Pollack)의 작품 〈31번〉(Number 31)　폴락은 그림에 제목을 붙이면 그 자체가 영향을
준다고, 숫자로 대신해 관람객의 상상력을 열어놓았다. 관람객들이 누워서 감상하는 모습이 흥미롭다. 폴락은 캔버스를
바닥에 깔아놓고 물감을 뿌리는 기법을 사용했다. 따라서 일부 사람들은 작가가 선체로 아래쪽을 내려다보며 그림을
그렸으므로 작품을 누워서 감상하기도 한다(출처 : NYMOMA 홈페이지).

고흐의 〈별이 빛나는 밤〉

타슈켄트의 작은 보석

〈우즈베키스탄 응용 미술 박물관〉
(Uzbekistan State Museum of Applied Art)

39

우즈베키스탄 여행의 색깔은 푸른색이었다.

14세기 중앙아시아 실크로드의 한복판에 당시 세계에서 가장 아름다운 도시 사마르칸트를 건설했던 티무르는, 전쟁에서 승리하면 그곳의 유명 예술가와 건축가를 데려와, 그가 좋아했던 하늘을 상징하는 푸른색의 벽돌을 구워 모스크와 메드레세를 세우도록 했다. 그래서 오늘날 그곳을 방문하는 여행객은 해 질 무렵 붉게 물든 하늘을 배경으로 더욱 찬란하게 빛나는 청록색의 돔을 응시하며 표현하기 어려운 감흥을 누린다. 확실히 우즈베키스탄 건축물에서 청, 록, 백색의 채유 벽돌과 이슬람식 타일이 만들어내는 기하학적 문양의 조화는 미적 감수성을 깊게 파고드는 그 무엇이 있다.

도시 전체가 문화재인 사마르칸트와는 달리 우즈베키스탄의 수도 타슈켄트는 1966년 도시의 70%가 지진으로 파괴되어 새롭게 건설되었기에 현지 인사에게 한정된 체류 기간에 인류학도가 필히 방문할만한 곳을 여쭈었다. 타슈켄트는 튀르크어로 돌Tash의 도시Kent라는 뜻인데, 실제로 타슈켄트는 보석공예 같은 돌 공예로 유명했던 곳이다. 그래서 반농담조로 타슈켄트의 보석 같은 곳이 어디냐 물었더니, 소개한 곳이 <응용 미술 박물관>이다. 전시내용도 그렇거니와 건물 자체가 보석이라고 했다.

찾아간 응용 미술 박물관은 '국립'이라는 수식어에 걸맞지 않게 한적한 주택가에 자리한 그리 크지 않은 단층건물이었다. 일명 "Polovtsev House"로 불리는 이 건물은 우즈베키스탄이 러시아의 통치 아래에 있던 1907년, 러시아의 사업가이자 외교관이었던 Alexander Polovtsev가 집을 사들여 당대 최고의 건축가와 장식예술가들을 동원하여 개축하여 아름답게 재탄생했다고 한다. 그러나 정작 Polovtsev는 이내 소환

타슈켄트의 Khast Imom 광장 이곳 도서관 Moyie Mubarek Library
Museum에는 세계에서 가장 오래 된 코란이 소장되어있다. 뒤에 보이는
푸른 돔이 인상적이다.

응용 미술 박물관 입구

되어 그 집에서 살지 못했고, 러시아 혁명과 제1차 세계대전을 겪으며
건물의 소유권이 정부로 넘어와 다양한 용도로 사용되던 것을 1937년
에 이르러 박물관으로 지정하게 되었다. 즉 1937년 정부는 이곳을 공예
박물관Museum of Handicraft Art으로 지정한 것이다. 그 후 1997년 공예박물
관은 다시 〈우즈베키스탄 응용 미술 박물관〉으로 이름을 바뀌 오늘에
이르렀다.

　　응용 미술 박물관은 전시된 공예품은 물론이고, 건물 자체가 공예
품이었다. 우선 건물로 들어가는 문에 새겨진 세밀하고 복잡한 문양이
예술이었다. 또한, 벽면과 기둥, 그리고 천장 부위에 설화석고를 사용
해 완성한 우즈베키스탄 특유의 장식 조각들은 이곳이 세계문명사에
서 말하는 동양 건축의 오랜 전통을 고스란히 간직한 귀한 장소임을
말해주었다. 나무와 채유 벽돌과 이슬람식 타일을 적절히 배합하여

완성한 이 아름다운 건축물을 응용 미술 박물관으로 거듭나게 한 발상이 좋아 보였다. 세계에 자랑할 우즈베키스탄의 값진 공예품들을 보여주는 장소로 지극히 이상적이라는 생각이 들었던 것이다.

박물관의 전시 품목은 우즈베키스탄이 자랑하는 전통 공예품들로 순수 장식품에서 응용 용품에 이르기까지 매우 다양해 예술과 생활 사이를 넘나들었다. 이는 짐작건대 우즈베키스탄의 우수한 전통공예가 그저 과거의 유산으로만 남아있지 않고 현실 생활에도 여전히 적용되며, 더 나아가 미래로의 도약을 바라는 의도가 베어 있을 터이다. 주택가에 자리해 소박한 모습인 〈우즈베키스탄 응용 미술 박물관〉은 예상치 못한 곳에서 나에게 우즈베키스탄의 보석을 만나게 해주었다.

정교하게 조각된 출입문 / 박물관 내부 / 전시실 카페트 전시실
건물내부의 벽면 조 / 공예품의 전시 / 박물관 건물 자체가 공예품이다.
가구의 전시 / 박물관 건물내부 벽면의 전시 / 유리공예품

박물관 내부 천장 / 목공예품 / 도자기 공예작품
전통공예 칼 / 다양한 도자기
박물관 건물 내부 / 학예사면담

273

대한민국에는 없는
국립자연사박물관

런던의 〈자연사 박물관〉(Natural History Museum)

40

자연사박물관은 인류학과 관련이 있는 박물관이다. 왜냐하면, 인류학의 하위분야인 체질인류학에서 인간의 생물학적 진화를 다뤄왔기 때문이다. 지난 백여 년간 체질 인류학자들은 세계 각처에서 수많은 고인류의 화석을 발굴하고, 이러한 희귀 자료를 분석해내는 과학 기술의 발전에 힘입어 오스랄로피테쿠스에서 호모 에렉투스, 그리고 네안데르탈인을 거쳐 호모 사피엔스에 이르는 인류 진화의 과정을 실증적으로 밝혀왔다. 이러한 인류학 분야의 성과가 연구와 전시를 통해 이루어지고 소통되는 장소가 자연사박물관이다. 물론 인간은 지구상에 존재하는 생명체의 하나이기에, 인류 진화에 관한 연구는 자연사自然史의 일부분에 지나지 않는다. 따라서 자연의 역사 전체를 대상으로 하는 자연사박물관에서는 지질학, 고생물학, 동물학, 식물학 등 여러 다른 분야의 자료 또한 수집, 보존, 연구, 전시되는 곳이기도 하다.

오랜 역사와 전통을 자랑하는 런던의 〈자연사박물관〉은 세계적으로도 가장 권위가 있는 자연사박물관으로 꼽힌다. 런던의 자연사박물관은 그 설립연도가 1881년으로, 19세기에 등장한 자연사박물관이라는 새로운 제도의 정착에 선도적인 역할을 담당했을 뿐 아니라, 더욱 중요하게는 인류를 포함한 자연의 역사를 과학적으로 분석하고 이해하는데 위대한 업적을 남긴 찰스 다윈의 자료가 이곳에 모여 있어 권위 있는 과학기관으로서의 위상을 일찍이 확보할 수 있었다. 현재 세계적인 연구기관으로서의 런던 〈자연사박물관〉에는 350명의 연구진이 있으며 무려 8천만 점에 달하는 소장품이 있다. 소장품들은 과학적으로 가치 있는 표본이나 자료일 뿐 아니라 역사적으로도 매우 귀중한 것들이 많다. 예를 들면, 런던의 자연사박물관은 지구상의 새 종류 98%에 달하는 표본을 확보해놓아 조류분류학 분야의 세계적 연구중심이며, 역사적으로 귀중한 자료의 대표적인 예는 다윈^{Darwin}이 탐험선 비글호^{Beagle}를 타고 5년 동안 지구를 돌며 수집한 문화재급 표본자료와 기록을 들 수 있다.

런던의 〈자연사박물관〉은 매년 대체로 5백만 명 이상의 관람객들이 방문하는 것으로 여러 통계가 보여주고 있어 세계 10대 박물관에 들어갈 정도로 인기가 높다(2018년 AECOM이 선정한 세계 10대 박물관 중 9위로, 방문객 수는 5,226,320명). 이렇게 위상이 높은 박물관임에도 런던의 자연사박물관은 지금의 현실에 안주해 만족하지 않고 시대의 흐름에 맞추어 끊임없는 자기혁신의 노력을 게을리하지 않는다는 점에서 우리가 본받을 점이 많다.

런던 〈자연사박물관〉에는 원래 방문객의 호응이 좋은 다윈전시실을 운영해왔다. 그런데 다윈 탄생 200주년에 즈음하여 새로운 개념의 〈다윈센터^{Darwin Center}〉를 기획하여 이를 실천에 옮김으로써 박물관의 면모를 일신시켰다. 다윈센터는 2002년과 2009년 두 차례에 걸쳐 단계적으로 증축되었는데, 2009년에 문을 연 다윈센터는 국제공모를 통하여 선정된 네덜란드의 건축가 CF Møller의 작품으로, 흰색의 둥근 누에고치 모양을 한 8층 높이의 특이한 건축물이다. 어찌 보면 미래를 상징하는 초현실적인 모양의 구조물이 자랑스러운 전통을 담고 있는 아름다운 로마네스크-빅토리아풍의 구건물^{Alfred Waterhouse building}과 조화롭게 결합하도록 했으니, 이는 단순히 연구와 전시환경의 획기적인 개선에 그치지 않고 과거와 미래의 연결을 상징하는 디자인 그 자체로서 박물관의 이미지도 쇄신하고 세간의 관심도 이끌어 모으는 다면적 기획이었던 셈이다.

또 하나 관심이 가는 대목은 런던 자연사박물관이 다양한 계층의 사람들에게 다가가려고 끊임없이 노력하는 자세에 관한 것이다. 영국의 국립박물관은 한국과는 달리 무료일 뿐만 아니라 크리스마스와 부활절을 빼고 연중무휴라는 점에서 일요일에 문을 여는 대신 매주 월요일은 쉬는 대부분 한국의 박물관과는 차이를 보인다. 영국의 박물관은 그런 점에서 평일 시간적 여유가 있는 사람과 아동 및 학생들의 단체방문이 활발히 이루어질 수 있는 요건을 잘 갖추고 있다. 그런데 런던의 자연사박물관에서는 낮에 시간을 낼 수 없는 직장인들을 위해 야간에 시행하는 특별 프로그램 등을 마련하고 있다는 점이 눈에 띈다. 하나의 예가 만 18세 이상을 대상으로 야간에 시행하는 〈After-School Club for Grown-ups & Silent Disco at the Natural History Museum〉이다. 첫 번째는 저녁 7시부터 10시까지, 두 번째는 10시부터 새벽 1시까지 계속되는데, 공룡표본 등이 있는 박물관 중앙홀을 중심으로 진행되는 이 모임은 홀의 한편에 마련된 음료 판매대에서 알코올음료도 마시고, 후반부 프로그램에서는 참가자들이 헤드폰을 착용하고 디제잉을 듣는 '사일런트 디스코'를 유물들 사이에서 즐기도록 하는, 즉 이 시간대에 팝 디스코 등을 찾는 성인층을 겨냥한 맞춤형 이색 박물관 교육프로그램을 개발한 것이다. 듣기로는 교육과정에서도 공룡 실의 불을 끄고 각자가 손전등을 가지고 표본들을 비춰 살펴보도록 해 동굴탐험 분위기를 느끼게 하는 등 재미있는 아이디어를 많이 섞은 프로그램을 운영한다고 한다. 또 다른 하나의 사례는 〈공룡과 하룻밤〉이라는 프로그램이다. 자연사박물관에서 노소불문 제일 인기 있는 표본이 공룡이라는 점에 착안하여 공룡들이 전시되어있는 중앙 홀에서 각자의 침구를 가져와 캠핑하듯 하룻밤을 지내는 프로그램인데, 참가비용이 성인 기준 180파운드인데도 1년에 4차례만 시행해서인지 예약을 서두르지 않으면 참가가 어려울 정도로 인기가 높다고 한다(2019년 5월 4일 MBC TV <월드 리포트. 공룡과 하룻밤> 참조). 이렇게 실용적인 접근을 마다하지 않는 사례를 접하면 영국인은 그저 점잖고 보수적일 것이라는 내 생각을 바꿔야 할 것 같다.

영국의 사례에서 보듯이 많은 나라에서 자연사박물관은 국민의 사랑을 받으며 과학의 생활화를 통해 국민교육에 크게 이바지하고 있다. 그런데 대한민국에는 아직도 제대로 된 자연사박물관이 없어 유감이다. 있다면 몇 개의 대학에 전시실 수준의 시설과, 지자체에서 운영하는 자연사박물관이 있는데 그 규모가 너무 영세하여 국제적으로 인정받지 못하고 있다. 그래서 <세계박물관 통계>는 한국을 아직 자연사박물관이 없는 나라로 분류한다. 조금 오래된 2000년대 초반의 통계지만, 미국에 1,176개, 독일에 605개, 영국에 297개, 프랑스에 233개, 일본에 150개, 브라질에 86개, 인도에 16개의 자연사박물관이 있다는데, 정치인들이 걸핏하면 OECD 회원국임을 내세우는 대한민국은 여전히 박물관 미개국으로 남아 있는 것이다. 그래서 나는 오래전 자연사박물관의 건립을 요로에 건의도 하고 칼럼도 발표하는 등 나름 작은 목소리를 낸 적이 있다. 특히 2001년 당시 추진되던 자연사박물관의 건립이 기획예산처에서 경제적 타당성이 낮다고 건립계획을 무산시키는 것을 보며 실망했던 기억이 아프게 남아있다. 정부 당국이 말하는 경제적 타당성 말이 나왔으니, 미국이나 영국에서는 자연사박물관을 막대한 예산을 들여 건립하고, 더구나 국민에게 무료로 개방되고 있다는 사실을 상기한다면, 그들 나라는 과연 무슨 이유로 경제적 타당성도 따지지 않고 자연사박물관을 그토록 오래전에 세워서 운영하고 있는지 궁금해진다. 그래서 다시 한 번 더 자연사박물관의 건립을 바라는 마음을 담아 2001년 내가 『동아일보』에 기고했던 칼럼을 아래에 소개해 주의를 환기하고자 한다(『동아일보』, 2001.10.30., A6).

〈자연사박물관 건립 약속 지켜야〉

　정부가 1995년 약속하고 추진해온 '국립자연사박물관'의 건립이 6년이 지나도록 지지부진하게 진행되어 오다가 최근 사업계획 자체가 무산될 조짐이 보임에 따라 26개의 관련 학회와 학술단체들이 강력히 반발하고 있다.

　한국은 경제협력개발기구OECD 회원국 중 유일하게 제대로 된 자연사박물관이 없는 '박물관 후진국'이다. 그래서 90년대 초부터 관련 학계를 중심으로 자연사박물관 건립을 위한 노력을 여러모로 경주해왔고 그러한 노력의 결실로 95년 마침내 문화관광부가 그 건립을 결정하고 발표했던 것이다. 그 후 3년에 걸쳐 기획 연구가 진행되었는데 국민의 정부가 들어서면서 국제통화기금IMF 제재 하의 경제 위기를 구실로 예산 배정을 완전히 끊으면서 사업이 중단됐다.

　그러나 국민의 정부 출범 초 공표되었던 '새 문화정책'의 10대 중점과제의 세부계획에는 분명 '국립자연사박물관 건립'이 포함되어 있었기에 자연사박물관의 건립사업은 곧 다시 시작될 것으로 믿고 있었다.

　그러던 중 올 초 기획예산처가 한국개발연구원에 국립자연사박물관 건립의 타당성 조사를 의뢰했던바 7월에 나온 결과는 경제적 타당성이 없으니 자연사박물관 건립계획은 환경부가 추진하고 있는 생물보존관 및 과학기술부가 추진 중인 국립서울과학관과 연계해 재검토하라는 것이었다.

여기서는 자연사박물관 건립을 경제적 타당성의 논리로 보는 우매함에 대해 말하지 않겠다. 여하튼 이는 이제 문화부 환경부 그리고 과학기술부 등 3개 부처가 머리를 맞대고 조정 합의해 중복투자를 피하라는 뜻으로 해석된다.

그러나 알다시피 부처 간의 조종은 관료들의 속성상, 보다 더 상위의 부서가 나서지 않으면 어려운 일이다. 그래서 자연사박물관 건립을 열망해온 26개 학회와 단체의 대표들은 8월 2일 대통령에게 부처 간 조정으로 국립자연사박물관 건립계획이 통합적으로 발전, 실현되도록 그 추진 장치를 마련해 줄 것을 청원했다.

자연사박물관 앞에서

그 후 두 달 반이 지났으나 청와대에서는 26개 단체에 대한 회신도 없고 부처 간 협의를 통한 그 어떤 움직임도 없다.

최근 일부 보도로는 환경부와 과기부는 각각 생물보존관과 서울과학관 건립사업을 원래대로 추진할 것이라고 한다.

일이 그렇게 된다면 기획예산처가 사업의 중복성을 지적했음에도 불구하고 정부가 이미 6년 전 결정한 사업은 중단하고 그보다 훨씬 늦게 계획한 사업은 새롭게 시작하는 믿을 수 없는 일이 벌어지는 것이다. 국민의 세금을 들여 타당성 조사는 왜 했는지, 그리고 국민에게 공개적으로 약속한 사업을 이런 식으로 방기할 때 그 책임은 누구에게 있는지 답답할 뿐이다.

한국개발연구원이 작성한 타당성 조사보고서에서도 국립자연사 박물관의 중요성은 인정하고 있으니 정부는 부디 약속을 지키는 모습을 보여주기 바란다.

박물관 내부

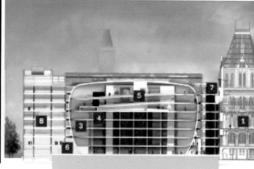

1 Waterhouse building
2 Darwin Centre phase 1
3 Cocoon
4 Specimens in storage
5 Public viewing area
6 Atrium
7 Administration block
8 Research centre

다윈센터 / 다윈센터 증축안 (출처 : 박물관 홈페이지)
자연사박물관 중앙홀 계단 벽면에 세워진 찰스 다윈의 조각상 제막식 그림
아래 사진을 보면, 저 멀리 사진 중앙의 하얀 물체가 다윈의 좌상이다.

중앙홀에서의 야간 행사 모습
박물관의 중앙홀
공룡과 하룻밤 프로그램 참가자들이 놀랄 정도로 많다. (2019년 MBC방송 캡처)
박물관 밖의 정원에서는 많은 행사가 열린다.

285

과학과 예술의
융합을 이끈 박물관

싱가포르의 〈예술과학 박물관〉(ArtScience Museum)

선진적 정책개발과 발 빠른 추진력을 자랑하는 작은 도시국가 싱가포르는 21세기형 박물관을 선보이며 소프트파워로서의 저력을 보여주었다. 싱가포르는 1999년부터 국제적인 문화도시를 지향한 '르네상스 시티 프로젝트Renaissance City Project'를 가동해, 먼저 세계적 수준의 공연장인 〈에스플러네이드Esplanade Theatre〉를 건설하더니, 연이어 혁명적인 공공 디자인의 성공사례로 꼽히는 마리나 베이 샌즈Marina Bay Sands 호텔과 국제적 규모의 쇼핑센터를 추진하면서 새로운 형태의 첨단 박물관인 〈예술과학 박물관ArtScience Museum〉을 2011년에 함께 개관하였다.

싱가포르의 대표적 랜드마크인 〈마리나베이샌즈 호텔〉을 찾는 해외 관광객들이 쉽고 편하게 들릴 수 있도록 호텔에 잇대어 세워진 〈예술과학 박물관ArtScience Museum〉은 두 가지 측면에서 화제를 불러모았다. 첫째는 캐나다에서 활동하는 이스라엘 건축가 모쉐 사프디Moshe Safdie의 설계로 만들어진 예술과학 박물관이 보는 이에 따라 연꽃 모양 또는 환영하는 사람의 손 모습을 연상케 하는 독특한 외양 때문에 호기심의 대상이 되었다. 둘째로 예술과학 박물관은 그 명칭이 시사하는 바와 같이 기존의 박물관과는 달리 미디어아트, 대형 터치스크린 등, 최신 정보통신기술ICT을 전시展示에 활용하는 최첨단 박물관이라는 점에서 주목을 받았다.

싱가포르 〈예술과학 박물관〉에는 'ArtScience : A Journey Through Creativity'라는 제목을 내건 상설전시가 있는데, 이는 세 개의 전시실에서 벽면에 투사되는 컴퓨터 영상을 통해 '호기심Curiosity', '영감Inspiration', '표현Expression'이라는 3가지 주제를 미디어아트 공연처럼 보여주는 프로그램이다. 그러나, 이보다는 해외의 유명 박물관이나 세계적 애니메이션 제작사 또는 유명 큐레이터가 〈예술과학 박물관〉과 힘을 합쳐 기획하는 특별전시에 무게가 실려 있는 매우 독특한 박물관이다. 10년 전 내가 방문했을 때에는 고흐Vincent van Gogh와 달리Salvador Dali의 특별 기획전이 열리고 있었다. 고흐Gogh특별전의 경우는 미디어아트를 이용해 전시실 전체가 캔버스가 되어 관람객들이 영상으로 투사되는 초대형超大形 그림 안에서 걸어 다니는 환경을 연출했는데, 그러한 전시를 처음 접하는 기분은 환상의 세계에 들어온 느낌이었다. 실로 새로운 형식의 미술 감상 경험을 한 것이다. 달리Dali의 전시는 그림이 아닌 조각작품과 그가 디자인한 초현실적인 가구가 전시 내용이었기에, 그 역시 색다른 전시로 다가왔다. 미디어아트를 이용한 전시는 그 당시에는 매우 창의적인 방식이었는데, 미디어아트나 대형 터치스크린을 활용하는 전시는 이제 새로운 것이 아니다. 이는 그만큼 변화의 속도가 빨라지고 있음을 말해준다. 그런 점에서 싱가포르의 예술과학 박물관은 선도적인 역할을 한 셈이다.

지난 몇 년간 싱가포르 예술과학 박물관에서 가졌던 기획전시를 살펴보면 The Andy Warhol Museum과 협업으로 'Andy Warhol 특별전', Warner Bros.와 함께 'Harry Potter : The Exhibition,' 영국박물관 협찬으로 'Mummy : Secrets of the Tomb' 展, National Geographic Society 주관으로 '50 Greatest Photographs of National Geographic' 展, American Museum of Natural History와 함께 'Dinosaurs: Dawn to Extinction' 展 등, 과학과 예술 분야를 넘나들며 다양한 전시를 순차적으로 개최해 왔다. 이렇게 자신들은 작품이나 유물을 소장하고 있지 않은 상태에서, 좋은 콘텐츠를 확보한 해외의 기관이나 전문가들을 동원하고, 국제적인 네트워크와 협업을 통하여 전시를 이어가는 방식 또한 새로운 형태의 박물관 운영이라 하겠다. 물론, 이는 역사적으로나

문화적으로 내세울 만한 전통 또는 고유의 콘텐츠가 많지 않은 도시국
가 싱가포르의 제반 사정에 기인하는 것이기도 하지만, 또 다른 한편으
로는 과거의 인습에 얽매이지 않고 과감한 실험을 통해 새로운 영역을
개척해간다는 긍정적인 측면 또한 있는 것이다. 한 가지 분명한 것은
싱가포르 〈예술과학 박물관〉에서 꾸준히 시도해온 창의적인 예술전
시방식은 나날이 발전하는 과학 기술의 성과를 접목하는 시도가 세계
여러 나라의 박물관에서 더욱 널리 확산케 하는 자극제가 되었다는
사실이다. 박물관의 궁극적인 기능 중의 하나가 전시를 통하여 사람들
의 호기심과 상상력을 자극하여 창의적인 에너지를 끌어내는 것이라
한다면 싱가포르의 〈예술과학 박물관〉이 보여준 실험정신과 선도적
인 시도는 높은 평가를 받을 만하다.

앞의 연꽃모양(손 모양)의 건물이 예술과학 박물관이고, 뒤 쪽의 고층건물이 마리나베이센즈호텔이다.
한국의 쌍용건설이 공법상 매우 어려운 작업을 해냈다. 위에 길게 얹혀있는 데크는 정원과 수영장이다.

호텔에서 내려다보며 촬영한 예술과학 박물관 꽃봉오리(또는 손가락) 끝 부분에 채광을 위한 유리창이 있어 전시실 등 건물 내에 자연 채광을 가능케 했다. 가운데의 구멍으로는 빗물을 받아 빗물이 쏟아지는 정원, 그리고 수세식 화장실의 용수로 활용해 친환경적인 건축물로 인정받고 있다.

두리안 열매처럼 보이는 둥근 건물이 Esplanade Theatre 이다. 이렇게 공연장, 박물관, 컨벤션센터, 쇼핑몰, 그리고 호텔이 함께 있어 문화관광벨트를 형성해놓았다.

박물관 입구 앞쪽에 특별전이 열리고 있는 Dali의 〈늘어진 시계〉 조각작품이 보인다.

박물관의 밖에선 본 풍경

박물관 내부의 빗물 폭포 정원

박물관은 쇼핑센터와 연결되어 있다.

고흐 특별전 전시장 입구 / 달리 특별전 전시장입구
고흐 특별전 / 미디어아트로 만나는 고흐 / 고흐 그림의 영상들
달리의 작품 / 달리의 작품들 / Dali가 디자인한 초현실주의적 가구들

세계의 연인
<모나리자>의 박물관

〈루브르박물관〉(Le musée du Louvre)

42

〈루브르박물관〉에는 세계에서 가장 유명한 그림 〈모나리자〉가 있다. 레오나르도 다빈치의 최고의 걸작 모나리자를 보기 위해 매년 8백만 명 이상의 관람객이 루브르를 찾는다고 하니 참으로 대단하다. 물론, 이는 코로나 19 사태 이전의 이야기이긴 하다. 코로나 19가 세계를 강타해 혼란스러웠던 작년, 한 신문(『동아일보』, 20.5.28)에 흥미로운 가십성 기사가 떴다. 프랑스의 기업가 스테판 디스탱앵Stephen Dysteng-en이라는 사람이 코로나 사태로 파산 직전에 놓인 프랑스 문화예술계를 지원하기 위해 루브르박물관에 있는 모나리자를 매각하자고 제안한 것이다. 그에 따르면 루브르에는 레오나르도 다빈치의 회화 5점과 드로잉 22점을 가지고 있으니 그 가치가 40조 원으로 평가되는 모나리자를 높은 가격에 처분해 프랑스 문화예술의 미래에 투자하자고 제안한 것이다. 그러나 프랑스 정부가 모나리자를 매각할 리 만무하니 이는 단순히 문화예술계가 처한 위기상황에 대해 주의를 환기할 목적이었을 터이다. 그나저나 모나리자의 추정 평가액이 40조 원에 달한다는 소리에 놀라움을 금치 못했다.

레오나르도 다빈치의 작품으로 추정되는 모나리자는 몇 개가 더 존재한다. 그래서 영국박물관과 스페인의 프라도 미술박물관에도 모나리자가 있다. 이들 중 루브르박물관의 소장품이 가장 뛰어난 불후의 명작으로 꼽힌다. 루브르박물관이 소장한 모나리자는 레오나르도 다빈치가 1503년경에 그리기 시작하여 그가 죽기 2년 전인 1517년경에 이르러서야 완성한 작품으로 다빈치가 가장 오랜 기간 심혈을 기울인 작품이었기에 그의 생애 마지막까지 자신이 간직했다고 한다. 레오나르도 다빈치는 흔히 프랑스의 첫 번째 르네상스 형 군주 국왕으로 불리는 프랑수아 1세François 1er(1494~1547)의 초청을 받아들여 1516년 프랑스로 이주하였는데, 프랑수아 1세는 프랑스 왕 중에 최초로 미술품 컬렉션을 시작한 것으로 알려져 있다. 1519년 레오나르도 다빈치가 사망하자, 모나리자는 그를 프랑스로 초청했던 프랑수아 1세에게 넘겨져 왕가의 소장품이 되었다. 그러던 것이 프랑스혁명 이후 혁명지도부의 방침에 따라 1797년부터 파리의 루브르박물관에 상설 전시되어 루브르를 대표하는 작품이 되어 오늘에 이른다.

〈모나리자〉가 프랑스 왕가의 소장품에서 루브르박물관의 전시품으로 바뀌는 변화는 프랑스 시민 혁명이 가져온 결과물이었다. 프랑스혁명 이전까지의 상황을 보면, 16세기의 프랑수아 1세가 미술품 컬렉션을 시작한 이래 18세기 루이 16세에 이르기까지 방대한 규모의 예술작품들이 왕실에 의해 수집되었고, 이들은 여러 왕궁에서의 장식품이나 소장품으로 활용되었는데, 프랑수아 1세의 경우 그의 수집품은 퐁텐블로 성Château de Fontainebleau에 모아두었기에 이를 사람들은 '퐁텐블로 박물관'이라 불렀다.

1789년 5월 혁명이 발발하고, 그해 11월에 교회 재산의 국유화가 단행됨에 따라 엄청난 예술적, 역사적 유산이 하루아침에 종교적인 맥락에서 분리되어 국가재산으로서 공공영역의 범주에 포함되는 획기적인 변화가 일어났다. 1792년 4월에는 망명자들의 재산과 왕립 아카데미, 왕의 컬렉션도 국가의 문화유산이 되었고, 8월에는 베르사유를 비롯한 여러 곳에 흩어져 있던 왕실 소유 작품들을 루브르로 옮기도록 하는 법령이 제정되었다. 이 당시 로베스피에르Maximilien de Robespierr의 측근으로 문화계의 독재자로 불린 쟈크 루이 다비드Jacques-Louis David (1748~1825)는, 그 당시 공공박물관 건립을 위해 구성된 박물관전문위원들의 혁명 정신 부족을 비난하면서, 왕궁이나 귀족의 거처, 종교시설

등에 소장되어 대중에게 공개된 적이 없는 작품들이 일반 시민들에게 공개될 수 있도록 조처를 해야 한다는 주장을 폈다. 그는 특히 튀일리 궁전Palais des Tuileries과 생 오귀스탱 성당Saint-Augustin에 있는 소장품들을 루브르로 옮기는 계획을 밀어붙였다. 여담 삼아 한 마디를 덧붙이면, 쟈크 루이 다비드는 현재 루브르박물관에서 전시 중인 회화 작품 중 두 번째 크기의 대작인 〈나폴레옹 1세의 대관식〉을 그린 화가로, 로베스피에르가 실각하자 투옥되었다가 석방된 이후 나폴레옹 1세의 정치 체제에 협력하는 대가로 나폴레옹 황제의 궁정화가가 되어 활동한 인물이었다. 그 당시 프랑스의 많은 사람이 루브르궁을 국가의 공공박물관으로 지정하는데 동의한 이유는 루이 14세가 베르사유궁을 지어 거처를 옮긴 뒤 루브르궁은 프랑스 왕립 아카데미 건물로 사용되어 당시 문화예술인들의 활동공간이 되었기 때문이었다.

　　루브르박물관으로 유물을 옮기는 작업은 여러모로 혼란스러운 분위기 속에서 진행되었다. 무엇보다도 먼저 넘어야 할 장애물은 소위 구체제Ancien Régime의 상징을 파괴해야 한다는 여론이었다. 그래서 1793년 국민의회는 왕권과 관련된 기념물을 없애라는 명령을 발동하기도 하고, 생드니에 있는 왕의 무덤을 파괴하거나, 파리 노트르담 성당의 중앙문과 왕의 갤러리에 있는 조각상들이 제거되는 반달리즘이 일부 용인되었다. 이러한 반달리즘에 대응하여 부정하고 싶은 과거의 상징일지라도 기념물들을 보존해야 한다는 주장 역시 존재해 타협의 여지를 만들었다. 1790년 10월 13일에 발족한 '기념물위원회Commission des monuments'가 제시한 견해가 그중 하나로서 예술가와 학자로 구성된 동 위원회는 모든 기념물은 '역사의 발자취'로서 국가 소유의 문화유산으로 간주해 보존 대상이 된다는 의견을 냈다. 동 위원회가 12월에 발표한 보고서의 내용은

다음과 같다: 1. 지정된 모든 기념물은 국가 소유이다. 그러므로 모든 프랑스인이 쉽게 접근할 수 있도록 83개의 각 도^{départements}에 골고루 소장되어야 한다. 2. 모든 국가 기념물은 각 지방의 시내 한가운데 이미 교육적인 기능을 지닌 건물에 '박물관'이라는 이름을 붙여 그곳에 소장될 것이다. 3. 박물관은 찾기 쉬운 곳에 있어야 한다. 곧 폐쇄될 곳이거나 다른 용도가 없는 교회 중 하나가 될 것이다.

공공박물관으로서의 루브르는 프랑스혁명의 산물이라는 점에서 역사적으로 유럽의 다른 박물관과는 성격을 달리한다. 즉 프랑스에서의 시민 혁명은 과거 왕족이나 귀족, 그리고 권력화된 성직자들이 자신들만의 공간에서 예술품과 기념물을 탐욕스럽게 취하고 즐기던 관행에 종지부를 찍고 이제 그것들을 국가 소유의 문화유산으로서 만인이 공유하도록 하는 새로운 제도를 시행할 수 있게 해주었다. 다시 말해 구체제의 붕괴로 예전에는 엄격하게 통제되던 공간에 대한 대중의 점유가 곧바로 이루어졌다는 점에서 유럽의 다른 박물관들의 경험과 구별된다는 말이다.

구체제^{Ancien Régime}를 극복한 공화국의 정신을 담는다는 측면에서 루브르박물관의 초기 전시작품의 선정 문제는 큰 쟁점이 되었다. 박물관으로서의 루브르는 1793년 8월 10일 537점의 회화를 전시하며 첫선을 보였는데, 전시된 작품은 대부분 몰락한 귀족과 교회에서 징발된 수집품들이었다. 작품선정의 기준은 건전한 공화국의 정신에 어긋나는 작품의 배제였기에, 풍속의 타락이나 나약함을 드러내는 따위의 작품이 먼저 배제되었고, 광신적인 종교화나 군주제를 신격화하는 그림 역시 제외의 대상이었다. 초기의 이러한 배제의 원칙은 그 기준의 적합성에 대한 회의가 쌓여감에 따라, 그리고 나폴레옹이 1796년 이후 이태리, 오스트리아, 이집트 등지에서의 여러 전투를 통해 전리품으로 가져온 뛰어난 예술품의 숫자가 엄청난 규모로 증가함에 따라 점차 희석되기에 이른다. 이런 과정을 거치며 등장한 담론이 기념물이나 예술품의 탈맥락화이다. 즉 박물관이라는 특수한 공간에 작품이 놓이면 그것이 원래 속해있던 맥락으로부터 분리되기 때문에, 이러한 탈맥락화를 통해 새로운 해석이 가능해진다는 것이다. 부연하면 박물관은 전시된 작품들을 구체적인 맥락에서 분리하여 순수하게 작품 자체로 존재하도록 만들고, 이러한 탈맥락화의 논리는 공화주의 정신에 부합하지 않는 작품들이 박물관에 전시되는 것을 합리화시켜준다. 이러한 담론의 전개는 루브르박물관이 혐오의 대상이 될 수도 있었을 구체제의 잔재를 문화유산의 이름으로 전시하는 방법을 통해 혁명에 부응하는 새로운 역사를 만드는 데 활용하는 길을 열어주었다. 사실 이러한 해석이 던져주는 의미는 가다머Hans-Georg Gadamer가 말한 "박물관은 그 소장품의 역사를 은폐함으로써만 가능하다"라는 짧은 한마디에 잘 함축되어있다. 그런 점에서 루브르박물관은 삶의 맥락에서 분리된 작품 자체에 초점을 맞추는 순수미술사의 탄생에 크게 이바지했다고 생각하게 만든다. 다만 역사의 흐름은 루브르박물관이 시민이 주인 되는 공공박물관으로 순탄하게 성장하도록 놓아두지 않았다. 왜냐하면, 나폴레옹이라는 독재자가 나타났기 때문이다.

오늘날 세계인이 사랑하는 루브르박물관이 현재의 규모로 크게 발전하는 데는 나폴레옹의 역할이 컸다. 주지하는 바와 같이 프랑스는 1789년 5월 시민 혁명으로 구체제를 무너뜨린 후 80년간 혁명과 쿠데타, 그리고 선거 등을 거치며 공화정, 제정, 군주정으로 국가 체제가 바뀌는 불안한 정치 상황이 지속되었다. 이 과정에서 루브르박물관 역시 정치적 상황의 영향을 받으며 변모해왔는데, 현재의 박물관 모습을 갖춘 것은 쿠데타를 통해 공화정을 무력화시킨 나폴레옹 치하에서 이루어졌다. 위대한 프랑스를 꿈꾼 나폴레옹은 조국 프랑스를 열강의 반열에 오르게 하고, 동시에 루브르박물관을 세계적인 예술품과 주요 문화유산의 보고로 만들고자 하는 야심을 가졌다. 그래서 그가 치른 전쟁에서 승리를 거둔 다음 스페인, 오스트리아, 네덜란드, 이탈리아의 국보급 예술품들을 빼앗아 루브르로 가져왔다. 1798년 감행한 이집트 원정에는 180명가량의 학자를 대동하여 이집트의 고대 유적을 비롯하여 이집트에 서식하고 있는 동식물, 고대 이집트의 역사나 풍속 등을 조사하는 치밀함을 보였다. 이러한 이유로 나폴레옹이 통치하던 시기에 루브르박물관 소장품의 규모가 엄청나게 커졌고 박물관의 명칭도 '뮈제 나폴레옹Musée Napoléon'으로 바뀌었다가 워털루에서 나폴레옹이 패한 뒤 명칭을 되돌리기도 했다. 루브르박물관의 소장품은 나폴레옹 이후에도 루이 18세와 샤를 10세 재위 기간에 다시 한 번, 더 큰 규모로 소장품이 불어났으며, 제2 제국(나폴레옹 3세 통치 기간) 중에는 20,000여 점의 수집품이 들어온 것으로 파악되고 있다. 현재의 루브르박물관은 나폴레옹이 가져온 수집품으로 채워진 이집트 고대유물관을 필두로, 근동 유물관, 그리스와 에트루리아, 로마 유물관, 이슬람 미술관, 조각 전시관, 장식품 전시관, 회화관 그리고 판화와 소묘 관 등 9개의 전시관을 두고 있다.

루브르박물관의 시작은 공화주의 정신과 시민적 문화 향유가 바탕이 되어 만들어진 공공박물관이었으나, 격동하는 국제정세의 소용돌이 속에서 제국주의적 정복의 저장고로 이용되기도 했다. 역사 과정은 언제나 다면적이고 복합적이며 살아있는 생명체와 같아서 역사의 교훈은 쉽게 얻어지는 것이 아닌 것 같다.

루브르는 여러 번 방문했다.
피리미드 내부
루브르박물관
뒤편에 피라미드가 보인다.

승리의 여신 '니케상' / 화가지망생인가 보다. / 전시실
건물 자체도 예술품이다. / 멋쟁이 파리지앵 관람객 / 외젠 들라크루아, 〈민중을 이끄는 자유의 여신〉
데오도르 제리코, 〈메두사의 뗏목〉 / 쟈크 루이 다비드, 〈나폴레옹 1세의 대관식〉

모나리자

박물관도 분단이 되는구나!

대만의 〈국립고궁박물원國立故宮博物院〉
(National Palace Museum)

43

대만의 타이베이臺北에 있는 〈국립고궁박물원國立故宮博物院〉은 중국 황실皇室이 베이징의 자금성紫禁城에 보관하던 국보급 문화재 60여 만점을, 1948년 중국 국민당이 국공 내전國共內戰에서 밀려 타이완으로 이동할 때에 전란의 파괴를 피하려고, 대륙에서 가져와 그것을 바탕으로 설립하였기에 중국문화의 진수를 보여주는 중화中華 문화의 보물창고 같은 곳이다. 2021년 4월 현재 소장유물은 총 698,854점으로 1965년 새 건물을 지어 세계적인 박물관의 모습을 갖춘 이래 꾸준히 소장품을 늘려오고 있다. 소장품 중에서 2만6천여 점에 달하는 도자기와 1만 3천 점을 상회하는 옥玉공예품은 수많은 명품을 포함하고 있어 국제적으로 주목을 받고 있으며, 청동기, 회화, 서예, 칠기, 가구 등 일반전시를 위한 소장품 외에도 40만 점에 육박하는 문서와 문헌, 그리고 216,507권의 희귀도서는 학자와 연구자들이 대만의 고궁박물원을 높이 평가하는 이유이다.

　루브르 박물관에서 모든 사람이 모나리자를 보고자 하는 것처럼, 대만의 〈국립고궁박물원〉에서 가장 인기 있는 전시물은 '취옥백채翠玉白菜'라는 옥玉 공예품으로, 배추에 여치와 메뚜기가 앉아있는 모습을 실물처럼 표현한 작품이다. 2013년 내가 고궁박물관을 방문했을 때에도 언제나 관람객들이 몰리는 바람에 긴 줄을 서서 한참을 기다린 후에야 전시물을 볼 수 있었지만, 그만한 가치가 있었다. 초록색과 백회색이 부분적으로 나뉘어 섞여 있어 어찌 보면 2등급 이하의 저급 옥석이었을 재료의 특성을 오히려 십분 활용하여 배춧잎의 초록색과 백회색의 줄기 부분을 완벽하게 자연스러운 형태로 재현해낸 장인의 능력에 감탄사가 절로 터져 나왔기 때문이었다. 흥미로운 사실은 취옥백채翠玉白菜가 〈동릉东陵 도굴사건〉 때 서태후西太后의 관곽棺槨에서 나온 보물이라는 점이다. 동릉東陵 도굴사건이란 1928년, 군벌 쑨뎬잉孫殿英(손전영)이 군자금 마련을 핑계로 청나라 황릉을 도굴하고 시신을 훼손한 끔찍한 사건이다. 쑨뎬잉은 서태후를 비롯하여 청황실淸皇室의 무덤을 도굴하는 동릉 도굴사건을 일으켜 '동릉대도東陵大盜' 또는 '도굴장군盜掘將軍'이라는 악명을 얻은 인물이다. 여하튼 지상 최고의 옥공예품으로 꼽히는 취옥백채翠玉白菜가 살아서 부귀영화를 마음껏 누린 서태후마저 사후까지 품고자 했던 부장품이었고, 이것이 혁명과 전쟁 과정에서의 흥미로운 이야기를 담아 타이베이박물관의 전시장까지 흘러들어왔다는 사실을 생각하니 여러 갈래의 생각이 꼬리에 꼬리를 물었다. 인간이 보유한 창의성, 심미안, 기술과 집념, 그리고 탐욕과 전쟁, 이 모든 것이 20㎝ 크기의 작은 공예품에 녹아 들어있다는 사실이 새삼 놀라웠

취옥백채翠玉白菜

다. 그래서 박물관에서 특별한 스토리story를 간직한 유물을 만나 역사의 의미를 색다르게 음미하고 상상의 나래를 펴보는 즐거움을 취옥백채翠玉白菜를 통해 다시 확인하는 기회가 되었다.

대만의 국립고궁박물관이 세계적인 지명도가 있는 박물관인 만큼 매우 특별한 전시회가 수시로 열리곤 한다. 과거에 국립고궁박물원에서 가졌던 특별 전시 중 우리가 기억할만한 가치가 있는 전시로 나는 2011년 6월에 열린 '부춘산거도富春山居圖' 전시회를 들고 싶다. 부춘산거도富春山居圖는 대만의 국립고궁박물원이 소장한 중국의 10

대 명화에 속하는 국보급 회화인데 인간에 비유하면 기구한 운명을 타고난 문화재이다. 이 그림은 원나라의 화가 황공망黃公望(1269~1354)의 작품인데, 황공망은 중국뿐만이 아니라 조선에까지 가장 큰 영향을 미친 대가이다. 조선 시대의 회화를 보면 심사정沈師正을 비롯하여 조선 후기의 정수영鄭遂榮과 장승업張承業에 이르기까지 조선의 많은 화가들이 황공망을 모방하는 작품을 남긴 사실이 이를 뒷받침한다. 그래서 추사 秋史 김정희金正喜(1786~1856)는 황공망의 호인 대치大痴를 염두에 두고 호남의 제자 허련許鍊(1808~1893)에게 '조선의 작은 대치'라는 뜻으로 '소치小痴'라는 호를 줄 정도였다.

부춘산거도富春山居圖는 황공망이 그의 나이 72살 때 4년에 걸쳐 심혈을 기울여 완성한 수묵산수화로, 중국 회화사에서 후대에 가장 큰 영향을 끼친 작품으로 꼽는데 이론이 없다. 그런데 이 그림을 마지막으로 소장하던 명나라 말 유명 수집가 오홍유吳洪裕가 그림을 너무 사랑한 나머지 죽어서도 부춘산거도와 함께하고 싶다고 유언해 1650년 그가 사망하자 가족들이 소원을 들어주려고 그림을 불 속에 넣었다. 그림이 타기 시작하자 옆에서 지켜보던 조카 오정안吳靜安이 황급히 건져내 불을 껐으나 그림은 이미 두 폭으로 갈라져 있었다. 두 개의 그림으로 나뉜 부춘산거도富春山居圖는 그 후 각각 '무용사권無用師卷'과 '잉산도권剩山圖卷'으로 불리며 전자는 대만의 고궁박물원에, 그리고 후자는 대륙의 절강성박물관에 분리되어 보관되어왔다.

2011년 6월 1일, 대만의 국립 고궁박물원에서 열린 특별전은 중국과 대만이 1949년 분단 후 따로따로 소장해온 중국 10대 명화 '부춘산거도富春山居圖'를 다시 합쳐진 그림으로 보여주는 의미 있는 행사였다. 이러한 특별전이 가능했던 것은 2010년 3월 원자바오 중국 총리가 전인대全人代

부춘산거도富春山居圖

기자회견에서 "두 폭이 언젠가 한 폭으로 합쳐지기를 바란다"라고 밝혔기 때문이었다. 중국의 총리가 부춘산거도富春山居圖라는 문화적 매개를 이용하여 화해와 평화와 통일의 메시지를 전달한 것이다. 그 당시 전시회를 위해 대만에 온 중국 문화부 문화교류 담당 고위 간부 역시 "이번 전시회가 대륙에서도 열리기를 바란다"라는 의견을 피력했다 한다. 그러나 불행히도 대륙에서의 전시는 실현되지 못했다. 분단의 아픔이 그림의 분단으로 여전히 남아있게 된 것이다. 그리고 〈고궁박물원〉의 분단에도 변함이 없다.

고궁박물원이라 할 때의 고궁故宮은 베이징의 자금성紫禁城을 가리키는 통칭이기도 하다. 그래서 청나라를 멸망시킨 신해혁명 이후 1925년 자금성을 일반 국민에게 개방하면서 그 명칭을 〈고궁박물원故宮博物

院〉으로 정한 바 있다. 타이베이의 〈국립고궁박물원〉은 원래 베이징의
고궁박물원에 있던 소장품을 가져와 박물관을 만들었기에 그러한 사
실을 강조하기 위해 명칭을 정했을 것이다. 그 결과 중국과 대만에
두 개의 〈고궁박물원〉이 존재하게 되었고 이 두 개의 고궁박물원 사이
에는 미묘한 경쟁의 그림자가 어른거린다. 예를 들면, 중화인민공화국
에서는 대만의 〈국립고궁박물원〉을 지칭할 때 '국립國立'이라는 칭호를
빼고 굳이 〈타이베이 고궁박물원台北故宮博物院〉이라 부르는 것이 하나의
사례이다.

　　베이징 〈고궁박물원〉에 따르면 2021년 5월 현재 고궁박물원에는
1,863,404점의 소장품이 있다고 한다. 이는 장개석의 국민당 정부가
자금성의 소장품 일부만을 선별하여 대만으로 가져왔기 때문에 베이
징의 고궁박물원에도 다수의 유물이 여전히 남아있었고, 또한 중국
정부가 계속해서 유물을 보충해왔기 때문이다. 유물을 계속하여 수집
해왔다는 사실은 베이징의 고궁박물원도 그동안 자금성이 갖는 박물
관의 전시기능을 강화해 왔다는 것을 의미한다. 실제로 가장 최근인
2021년 5월에도 고궁 당국은 도자기 전시실을 천안문을 들어서면 오른
쪽으로 보이는 문화전文華殿(Wenhua dian)에 지난 2년 동안의 준비 끝에
새롭게 단장하여 일반에 공개했다.

　　이러한 작업은 큰 그림으로 보아 중국 정부가 1978년 개혁개방정
책을 통하여 경제 사정이 호전되면서 고고학과 박물관 분야에 엄청난
규모의 투자를 해온 문화정책의 일환이다. 이를 뒷받침해주는 몇 개의
대표적 사례를 들면, 1974년 시안 부근의 진시황릉 주변에서 병마용의
발견으로 시작된 고고학적 발굴은 현재에도 진행형이며, 발굴의 결과
로 만들어진 〈병마용 박물관Museum of Qin Terracotta Warriors and Horses〉 역시

발굴에 발맞추어 보완이 계속됐다. 각 지방의 박물관 건립도 꾸준히 이루어져 산시성 시안시西安市에는 1983년 첫 삽을 뜬 〈산시역사박물관 陝西历史博物馆〉이 1991년 6월 20일 개관되었고, 1996년에는 〈상하이박물관〉이 건물을 대규모로 신축하였으며, 2015년 윈난성에서는 현대식 건물의 〈윈난성박물관云南省博物馆〉이 새롭게 문을 열었다.

　　이러한 추세를 반영하듯 중국정부는 현재 홍콩에 베이징 〈고궁박물원〉의 분원分院인 〈홍콩고궁문화박물관香港故宫文化博物馆〉(Hong Kong Palace Museum)을 2022년까지 설립한다는 목표 하에 공사를 진행하고 있다. 즉 베이징 〈고궁박물원〉 유물의 일부를 역사적 유적이나 볼거리가 없는 현대도시 홍콩에 전시한다는 것인데, 이는 국제도시 홍콩에 관광의 측면에서 다양성을 제공함과 동시에 중국문화의 우수성을 세계에 알리는 창구로 이용한다는 양 측면을 노린 것으로 보인다.

　　중국의 이러한 접근방식은 그들 특유의 실용 정신이 바탕에 깔려 있다. 중국인들은 우물 안의 개구리처럼 그들의 문화재를 자신들이 그저 끌어안고 지키는 데에 그치지 않고 보다 적극적으로 나서 그 우월성을 만방에 과시하고자 한다. 그러기에 전쟁을 피해 1933년 베이징의 유물을 상하이로 옮겼던 비상시국의 고궁박물원의 당국자가 전쟁의 와중에서도 1935년에는 영국의 초청을 흔쾌히 받아들여 상하이에 보관된 중요한 유물들 일부를 가지고 영국 런던에서 열리는 〈중국예술 국제 전시회International Exhibition of Chinese Art〉에 참가하여 찬사를 받았고, 1940년 초에도 고궁 당국은, 1937년에 중일전쟁을 피하여 쓰촨四川성 바셴巴縣으로 옮겨놓은 유물 중에서 회화, 태피스트리, 옥기, 청동기 100점을 선별하여, 소련의 모스크바와 레닌그라드(현재의 페테르부르크)에서 개최된 〈중국예술전시회〉에 참가했다. 아마 우리의 경우 전시상황에서 한가하게 문화재를 해외로 실어 내 전시한다는 생각은 꿈에도 하지 못했을 것이다.

세기가 바뀔 만큼 세월이 흘러, 대만과 중국에 이름을 같이 하는 〈고궁박물원〉이 있다는 사실이 이제는 일상화된 현실이 되었다. 그리고 때마침 중국 정부가 홍콩에서 추진하고 있는 고궁박물원의 분원이 2022년 문을 열게 되면 대만의 고궁박물원이라는 존재도 더욱더 자연스럽게 보일 것이다. 다만 한국이 분단국가인 것처럼 중국과 대만의 고궁박물원들은 보기가 드문 분단박물관으로 당분간 남아있을 전망이다.

타이베이 〈국립고궁박물원〉
국립고궁박물원 입구 안내판 앞에서

베이징의 〈고궁박물원〉
베이징의 고궁박물원 입구

베이징 고궁박물원 도자관 안내 사진
베이징 고궁박물원의 가구관 안내 사진

베이징 고궁박물원의 시계전시관
〈청명상하도(淸明上河圖)〉의 일부
베이징 고궁박물원 전시관의 위치. 2, 3, 15, 16 등
당(唐) 도기(陶器)

컨트리뮤직의 반항아를 기억하다

〈조니 캐시 박물관〉(Johnny Cash Museum)

44

미국에서 대학원을 다니던 젊은 시절, 1974년 여름 테네시^{Tennessee} 북부의 인디언유적 발굴에 참여한 적이 있다. 미국 대학은 겨울방학이 짧은 대신 여름방학이 두 달가량으로 길다. 그러한 여름방학에 인류학과 학생에게 주어지는 고고학 발굴의 기회는 학비도 벌면서 경험을 쌓는 행운과도 같다. 1974년 여름이 그랬다. 그 당시 테네시주 북부 산간지대에 널리 분포한 인디언유적에 대한 발굴이 수년 동안 지속되고 있었기에 나는 인류학전공이지만 여름에 용돈도 좀 벌고 젊은 시절의 경험 삼아 여름방학을 테네시 산골의 발굴 현장에서 보냈다. 고된 발굴의 중간마다 쉬는 날이면 동료 학생들을 따라 한 시간가량을 달려 내슈빌 Nashville의 컨트리뮤직 선술집 순례에 나서곤 했는데, 내슈빌 가는 길목의 헨더슨 빌Hendersonville이라는 교외 도심지구에 〈House of Cash〉라는 큰 간판이 눈에 띄어 물어보니 유명 가수의 박물관이라 했다. 살아있는 가수를 위한 박물관이라는 소리에 코웃음을 쳤지만, 여하튼 그때 조니 캐시Johnny Cash라는 가수

를 알게 되었다.

    그 뒤 컨트리뮤직 Country music을 보다 가까이 접하게 되면서 크리스 크리스토퍼슨Kris Kristofferson, 윌리 넬슨Willie Nelson 같은 가수들을 좋아하게 되었는데 조니 캐시Johnny Cash 도 그중의 한 사람이다. 이들은 모두 각자 개성이

1974년 여름의 발굴팀 맨 오른쪽이 필자. 발굴참여 학생 중 앞줄에 삽을 든 여학생 Jeannine Coreil은 나중 남플로리다대학(University of South Florida) 교수였기에 최근까지 서로 연락을 주고 받을 수 있었다.

뚜렷하고, 남이 써준 노래를 부르는 앵무새가 아니라 스스로 곡을 쓰고 작사도 해 자신을 표현하는 가수들이다. 어찌 보면 자기 철학이 있는 가수라 할까? 윌리 넬슨은 80세를 훌쩍 넘겼지만, 여전히 낡은 작업복 차림에 기타를 친다. 크리스 크리스토퍼슨의 노래는 그가 과음過飮한 그 뒷날 자신의 심경을 묘사한 노래가 많아 우리 같은 술꾼들의 공감을 자아낸다. 이들에게는 음악과 생활이 분리되어있지 않아 좋다.

조니 캐시의 경우는 이들보다는 좀 더 진지한 측면이 있어 보인다. 우선 그는 컨트리 음악계에서 일종의 반항아(outlaw)로 불리어왔다. 무대 의상으로 항상 검은색의 옷을 입어 별명이 '흑색의 남자'(The Man in Black) 인 그는, 다양한 사회문제에 대해 자신의 목소리를 내는 데 주저하지 않았다. 조니 캐시는 수감자, 하층민, 노동자, 북미 원주민 같은 약자의 편에 서서 노래하고자 했는데, 그의 가치관은 그의 대표곡 중의 하나인 'Man in Black'의 가사에 잘 드러나 있다. 노래의 가사를 대충 요약하면

조니 캐시박물관　살롱이나 바와 구별이 잘 안될 정도로 작고 소박하다.　　　　**박물관의 내부**

다음과 같다. "나도 화려한 옷을 입고 싶지만 가난한 사람, 억울한 사람, 병든 사람, 영혼을 구원받지 못한 사람들이 고통에서 벗어날 때까지, 나 한 사람이라도 그들의 어두운 현실을 몸에 지녀야 할 것 같아 나는 오늘도 검은 옷을 입고 무대에 선다."

2021년 테네시지역 대학에 갈 일이 생겼다. 모처럼의 기회라서 틈을 내 대학원 시절을 회상하며 〈House of Cash〉를 찾아보고 싶었다. 그런데 알아보니 헨더슨빌의 House of Cash는 조니 캐시가 2003년 사망한 후 문을 닫았고, 그가 40여 년간을 살았던 근처의 집도 2007년 화재로 소실되어 사라졌다는 것을 알았다. 다행인 것은 2013년 컨트리뮤직의 중심도시(the Country Music Capital of the World)임을 자랑하는 내슈빌Nashville에 〈조니 캐시 박물관〉(Johnny Cash Museum)이 새롭게 만들어져 관람객을 받고 있다는 소식이었다. 한 명의 대중가수를 위한 특수박물관이 어떻게 만들어졌는지 궁금해졌다.

음반에 관련된 역사적 자료들

조니 캐시의 음악을 년대별로 들을 수 있는 방

2013년에 문을 연 조니 캐시박물관은 컨트리뮤직 선술집이 밀집해있는 브로드웨이街(Broadway St.) 근처 관광객이 몰리는 좋은 위치에 있었다. 언뜻 보아 무척 평범하고 작은 규모의 박물관은 조니 캐시라는 가수를 하나의 '사람'으로 만날 수 있도록 소소한 자료를 총망라하여 꾸미려고 노력한 흔적이 역력했다. 왜냐하면, 전시물에는 조니 캐시가 가수로서 성장과 성공의 길을 걸어온 과정은 물론, 캐시의 출생신고서부터 어린 시절을 보낸 아칸소 시골집의 물건과 가족사진, 학교 성적표, 학교 앨범, 군대 입대 시절자료, 교회 활동, 개인적 편지 등 캐시의

조니 캐시의 스튜디오와 피아노

조니 캐시의 앨범과 의상들

인간 조니 캐시의 면모를 보여주는 자료
그의 대표작 Man in Black의 가사 메모도 있다.

인생 전체를 들여다볼 수 있는 자료가 비중 있게 구비되어있었기 때문
이었다. 어릴 적 아칸소 시골의 목화농장에서 힘든 노동을 했던 캐시는
그의 영민했던 형이 15세에 사망하자 그의 할아버지가 죽을 놈이 안
죽고 살아야 할 아이가 죽었다고 통탄하는 것을 보고 깊은 마음의
상처를 입었다고 전해진다. 캐시의 음악에 배어나는 반항, 비애, 도덕적
시련, 구원의 갈망이라는 주제는 아마도 이러한 어린 시절의 경험이
한몫했으리라! 가수로 활동하면서도 캐시는 한때 알코올과 마약에 빠
져들었는데 그의 일생의 반려였던 부인의 헌신과 사랑으로 시련을 극복

컨트리뮤직 살롱 거리, 브로드웨이   브로드웨이 거리의 컨트리뮤직 바

했다고 한다. 그래서인지 그의 부인이 심장 수술 후 사망하자 캐시도 그 4개월 뒤 눈을 감았다. 박물관을 돌다보면, 그러한 캐시의 굴곡진 인생의 이야기가 한 편의 영상으로 만들어져 관람객에게 말을 걸어온다. 그리고 인간 조니 캐시를 알게 되면 그의 음악이 더욱더 가깝게 느껴진다. 인류학도는 여기서도 가수 뒤에 가려진, 평범하면서 동시에 비범했던, 한 사람을 만나는 즐거움에 빠져든다.

음악의 측면에서 보면 조니 캐시는 사실 대단한 가수이다. 전 세계에서 9,000만 장 넘게 음반이 팔려 역사상 가장 많이 음반을 판 가수 중 한 명일 뿐만이 아니라, 컨트리 음악 장르를 넘어 로큰롤, 블루스, 포크, 복음성가를 넘나들며 음악적 기량을 발휘해 밥 딜런Bob Dylan, 저스틴 팀버레이크Justin Timberlake 같은 수많은 가수에게 영향을 끼쳤으며, 그러한 폭넓은 활동을 인정받아 캐시는 컨트리 음악뿐만 아니라 로큰롤, 복음성가 〈명예의 전당〉에 헌액된 보기 드문 영광을 누렸다.

한국에는 이러한 대중가수의 박물관이 있는지 모르겠다. 있다면 이미자, 조용필, 나훈아 정도가 아닐까? 아니면, 장래에 BTS 박물관이 만들어질는지?

칭기즈 칸이 유라시아에 남긴 자취를 이곳에 모두 담아내면 어떨까?

〈몽골국립박물관〉(National Museum of Mongolia)

45

몽골은 '바람'이라는 생각을 한다. 뿌얀 흙먼지를 일으키며 질풍처럼 대평원을 가르던 몽골의 기병들은 먼지가 가라앉자 역사의 뒤안길로 바람처럼 사라졌다. 유목민은 바람이 그러하듯이 한곳에 머물지 않는다. 그들은 머물면 생명력을 잃고 동화된다. 그래서 몽골의 쿠빌라이가 중국을 정복했지만, 그 자리에 머물자 중국은 결국 몽골을 다시 어리석고蒙 낡은古 족속이라 조롱해 마지않았다. 2세기에 걸쳐 한때 세계 역사상 최대의 제국을 건설했던 몽골인들은 곳곳에 거대한 자국을 남기고 다시 그들의 고향 몽골 평원으로 돌아와 있다. 그리고 산업화시대 몽골의 기마병들은 이제는 말을 타지 않는다. 역사는 몽골의 칭기즈 칸이 진정한 의미에서 세계제국을 건설한 위대한 정복자였음을 말해주지만, 현실에서의 몽골은 역사가 심어준 이미지를 배반한다. 객관의 눈으로 보면 현실의 몽골은 자원이 풍부한, 그러나 인구 겨우 3백여만 명의 가난한 나라일 뿐이다. 그래서 몽골인은 중국이 자신들을 굳이 몽골 대신 몽고蒙古라 칭하는 것을 못마땅하게 여기면서도, 울란 바르트와 베이징을 오가는 열차는 오늘도 몽골에서 생산해내지 못하는 대부분의 생필품을 중국의 시장에서 사 가려는 몽골인들로 붐빈다. 유목 사회의 시대적 적응이 늦어진 대가를 치르는 중인 것이다.

산업혁명 이전의 세계역사에서 유목 사회의 역할에 처음 주목한 학자는 14세기 이슬람 학자 이븐 할둔Ibn Khaldun이었다. 할둔에 따르면 유목민은 수렵채집민과는 달리 농경사회의 변방에 거주하며 그들의 발달한 문물에 접근할 수 있는데 더하여, 거친 자연환경에 적응하며 살아가야 하는 생활방식이 요구하는 근검절약과 연대와 협동이라는 중요한 덕목을 갖추고 있었다. 또한, 기동력이 뛰어나지만 다루기 힘든 말이나 낙타를 사육하는 집단에서는 많은 수의 동물과 사람들을 최적의 장소로 인솔해 나아갈 수 있는 출중한 지도력의 확보가 필수적이었다. 이러한 요소들이 잘 결합하면 그것은 곧 강력한 군사력으로 변환될 수 있었다. 반면 정착 생활을 하는 농경사회는 일찍이 생산성의 향상과 노동의 분화로 발전된 문명을 이루었다. 다만 문명의 발달은 계급의 형성과 불평등의 제도화, 그리고 지도층의 사치와 나태, 향락의 유혹을 불러들였다. 할둔은 근검절약, 단체정신이 배인 유목민Umran Badawi의 생활양식을 '아사비야Asabiya'라 불렀는데 바로 이 '아사비야'가 도시를 이루어 정착 생활을 하는 농경민Umlan Hadhari에게는 부족하다고 보았다. 그러한 이유로 기강이 해이해진 농경사회는 단결력을 갖춘 유목민에게 정복되지만, 유목민 역시 농경사회의 문명에 안주하여 동화됨으로써 정복과 동화의 주기가 반복된다는, 당시 로서는 탁월하게 창의적인, 역사 이론을 제시했다. 돌이켜보면, 칭기즈 칸의 몽골군대가 농경 문명사회의 정복에 한창 나서고 있을 시기에, 저 멀리 아프리카 튀니스의 한 이슬람학자가 몽골의 장래를 예언하고 있었던 셈이다. 할둔의 예언대로 몽골제국은 부족들이 단결하여 바람처럼 움직이던 유랑생활을 잊고 정복한 농경 정주민定住民의 문명에 동화됨에 따라 오늘의 운명을 맞았다.

2012년 나는 정년퇴임으로

자유로운 생활이 허락됨에 따라 가보고 싶은 여행지旅行地 목록을 작성했는데, 몽골은 세 번째에 올라 있었다. 차례가 되어 몽골을 방문했을 때 찾은 몽골국립박물관은 얼른 보아 작고 초라해 한때 세계를 호령했던 몽골제국의 아우라를 느낄 수 없어 아쉬움이 남았다. 박물관 입구의 마당에는 '칭기즈 칸의 이름이 새겨진 가장 오래된 비석'으로 역사적 가치가 높다는 '칭기즈 칸 돌Chinggis Khan's Stone'이 서 있었다. 그런데 원래의 비석은 러시아의 예르미타시 박물관에 있고, 이곳의 비석은 복제품이라 했다. 이 비석은 1224~1225년 사이 칭기즈 칸과 그의 조카 이순케Esunkhe가 현재 러시아의 네르친스크Nerchinsk 마을 부근에서 사르툴Sartuul부족과의 전쟁을 치르고 세운 것으로, 이순케Esunkhe가 530m 거리

자그마한 몽골국립박물관
Chinggis Khan's Stone   원 비석은 러시아의 Hermitage 박물관에 있고, 여기있는 것은 복제품이다.

의 과녁을 맞혔다는 문구가 적혀있어 역사적 가치가 높은 비석이다. 그런데 비석이 세워졌던 지역이 이제 러시아 영토이다 보니 그를 발견한 것도, 문자를 해독한 것도 러시아 학자였기에, 그런 연유로 러시아의 국립박물관에 보관하게 되었다 한다. 이러한 사례에 접하며 나는 유목민이 세운 광활한 제국의 역사를 국가박물관에 담아내는 일이 얼마나 복잡다단한 작업인가를 새삼 느꼈다. 그러나 일단 박물관에 들어가 열 개의 전시실을 둘러보면서 몽골국립박물관의 전시가 전문적으로 매우 잘 짜여있다는 인상을 받았다. 한반도의 일곱 배에 달하는 광활한 영토 내에서의 인간 정주의 역사를 전문성 있게 보여주고 있었던 것이다.

몽골에서 인류가 살기 시작한 것은 약 80만 년 전이라 한다. 그래서 전시는 구석기유물부터 시작된다. 제1실의 구석기, 중석기, 신석기 실을 지나면 2전시실에서는 몽골지역의 청동기, 철기 시대에 등장한 고대 유목제국인 흉노, 돌궐의 유물을 보여준다. 3전시실이 있는 2층은 몽골의 문화 전반을 소개하는 장소로서 다양한 몽골의 전통의상과 장신구를 집중적으로 모아 놓았다, 3층으로 올라가면 4전시실에서 드디어 몽골제국에 관한 유물이 넓은 공간을 차지하여 전시되고, 5, 6 전시실은 몽골의 생활문화를, 그리고 7전시실에서는 17~20세기 초 청나라 지배 하의 몽골, 8~10 전시실은 1911년 이후 소련영향권 사회주의 시기와 1990년대 민주주의와 개혁의 시기를 주제로 전시실을 꾸며놓았다. 전시 형태를 보면 몽골국립박물관은 고고학, 인류학, 민속학, 역사학 분야의 자료를 골고루 모아 놓은 종합적 박물관으로서 손색이 없어 보인다. 그 대신 모든 요소를 망라하다 보니 몽골박물관은 너무 평범하고 특색 없는 박물관이 되고 말았다.

만일 내가 전시계획안을 만든다면 어떻게 했을까? 인류학도로서 심심찮게 해보는 놀이다. 만일 내가 계획을 짠다면 몽골을 연상할 때 세계인이 떠올리는 칭기즈 칸과 몽골제국을 중심에 놓고 전시를 계획할 것이다. 나의 몽골박물관 방문 시 관람하는 가운데 가장 나의 시선을 사로잡은 전시물은 몽골제국실의 한가운데를 차지한 기마 병사(장군)의 실물 모형과 그의 양편에 세워놓은 백기白旗와 흑기黑旗였다. 백기는 몽골제국을 상징하는 평화시의 깃발이고, 몽골군대를 상징하는 흑기는 전쟁시의 깃발이다. 이러한 전시는 전쟁터의 상황을 머릿속에 그려보며 전시를 관람하도록 유도하는 것이라서 좋아 보였던 것이다. 여기에 만일 달려오는 몽골 기마병들의 동영상을 배경으로 깔아 입체감 있는 전시장을 꾸리면 지루한 관람 중간에 활기도 불어넣지 않을까?

1999년 새로운 밀레니엄을 앞두고 미국의 워싱턴포스트지는 지나온 천 년대(1001~1999) 기간에 세계적으로 가장 심대한 영향을 끼친 인물을 선정했는데, 그 인물이 바로 칭기즈 칸이었다. 칭기즈 칸은 인류 최초로 아시아와 유럽을 포괄하는 진정한 의미의 세계제국을 건설한 정복자로서 유라시아에 걸쳐있는 다양한 민족 간의 문화적 교류의 촉매 자이었으며, 군대조직에 십진법을 처음으로 도입하는 등 세계전술사에 큰 발자취를 남겼다. 그런 점에서 칭기즈 칸은 세계문화변동의 촉발자로서 인터넷 발명 700여 년 전에 이미 글로벌 커뮤니케이션의 새로운 문을 연 선구자였다. 워싱턴포스트지는 흥미롭게도 몽골제국 군대가 유럽에 흑사병을 전파한 사실도 세계사의 물길을 긍정적으로 바꾸어 놓았다고 평가했다. 즉 역병의 만연이 초래한 노동인구의 급격한 감소가 봉건주의의 몰락과 노동계급의 분화를 가져와 근대의 태동에 이바지했다는 것이다. 이러한 지적을 참작하면 몽골제국에 관한

암각화들　울산 반구대 암각화와 많이 닮았다.
몽골지역에서 집중적으로 발견되는 사슴돌 비석
왼쪽이 원을 설립한 칭기즈칸의 손자 쿠빌라이 칸, 가운데가 칭기즈 칸, 오른쪽은 칭기즈 칸의 셋째아들이자 몽골제국의
제2대군주인 오고타이 칸

2층의 3전시실

몽골제국의 기병 양 옆으로 몽골제국을 상징하는 백기와 몽골군대의 상징 흑기를 배치했다. 평화시에는 백기, 전쟁에 나갈
때는 흑기를 내세웠다.

투루크계의 돌궐이 세운 유목민국가의 유적지 무덤에서 발굴된 은제 사슴상(8세기경)

전시 내용은 현재의 몽골국경 내에 머무를 것이 아니라 전성기 몽골제국 시대의 범위로 확대하는 것이 좋겠다는 생각을 하게 된다. 달리 말하자면, 몽골제국의 영향 아래 세계문명사적인 변화를 겪은 여러 지역에서의 이야기를 전시의 주제로 삼아 계획안을 마련해보면 어떨까? 세계로 퍼져나간 몽골의 음식문화나 생활양식을 문화사적으로 풀어내는 전시나, 몽골과의 전쟁이나 접촉과정에서 발생한 세계사적으로 중요한 사건이나 사항을 지역과 항목별로 분류하여 인문학적 상상력을 더하여 보여주는 전시 등, 다양한 가능성을 발굴해나간다면 다른 데서는 볼 수 없는 새로운 방식의 독특한 박물관이 만들어질 것이다. 이러한 작업이 가능한 박물관이 몽골의 박물관 말고 또 있을까 하는 생각이 들자, 평범해 보였던 박물관에서의 시간이 다시 즐거워진다.

(후기 1) 나중에 안 사실이지만 오랜 세월 몽골에서는 칭기즈 칸의 선양사업이 어려웠다 한다. 몽골이 청나라의 지배 아래에 있을 때는 몽골과 청 사이에 억압과 갈등이 잦았고, 1920년대 이후 소련의 위성국가가 된 공산주의 시절에는 칭기즈 칸이 폄하되고 함부로 말하는 것도 금기였다고 한다. 칭기즈 칸이 복원된 것은 1990년 민주화 이후 몽골 민족주의가 고개를 들면서부터이다. 그러나 공산주의 시절 유일 정당이자 현재에도 유력 정당인 몽골 인민당은 여전히 힘을 발휘하여 몽골 국회의사당과 국립박물관이 있는 광장의 이름을 〈칭기즈칸광장〉에서 사회주의혁명의 영웅 〈수흐바타르〉의 이름을 딴 광장으로 다시 환원시켰다. 상징을 둘러싼 문화전쟁은 세계 곳곳에서 진행 중이다.

유라시아에 걸친 몽골제국의 영토

1990년 몽골민주화관련 전시실

중국으로 망명하다

이태준은 김필순과 함께 조국의 독립을 위해 다각도로 노력하였다. 일제는 1911년 말 한국의 애국지사들을 대량 검거하기 위해 이른바 105인 사건을 조작했고 김필순도 검거 대상에 포함됐다. 하는 수 없이 김필순이 먼저 중국으로 망명하기로 했다. 1911년 12월 31일 망명길에 오르는 김필순을 배웅하고 돌아온 이태준은 병원에 두 사람이 망명한다는 소문이 퍼져 있는 것을 알게 되자 신변에 위험을 느끼고 급히 망명길에 오르게 된다.

이태준은 중국 남경의 '기독회의원'에서 의사로 활동하면서 나라의 독립을 위한 계획을 모색했다. 그러던 중 훗날 자신의 처사촌이 된 애국지사 김규식(김필순의 매제)의 권유로 1914년 늦봄 고륜(庫倫, 몽골어로 Huree, 러시아어로 Urga, 혁명 후에는 Ulaan-baatar)으로 터를 옮겼다.

제중원(1885)   김필순

이태준 선생이 안창호에게 보낸 친필 편지 (A letter to Mr. Ahn written in Dr. Lee's own hand)

어느 인류학자의 박물관 이야기

(후기 2) 울란 바르트에는 자랑스러운 한국인으로 독립운동과 몽골 사회를 위한 의료봉사활동을 한 이태준 선생을 기리는 기념관이 있다. 세브란스 의학전문학교 2회 졸업생인 이태준 선생은 1911년 소위 105인 사건에 연루되어 중국으로 망명한 세브란스 1회 졸업생 김필순 선생을 따라 중국으로 온 뒤 애국지사 김규식 선생의 권유를 받고 몽골로 활동무대를 옮겨 독립운동과 봉사활동을 펼쳤다. 김필순 선생은 나의 종조모從祖母 님인 김필례 여사의 큰 오라버님이어서 〈이태준 기념관〉에 걸려있는 그분의 사진에 묵례를 드렸다. 김필례 할머님의 친인척 중에는 김마리아, 김규식, 김염 등 독립운동가가 많다.

몽골국회의사당 입구에 있는 칭기즈칸 동상　2006년 의사당을 새로 지으면서 동상도 만들었다.
이태준 기념관
이태준 기념관에서...
김필순 선생
칭기즈간 동상

대한민국을 대표하는 박물관

〈국립중앙박물관〉(National Museum of Korea)

46

서울 용산에 있는 〈국립중앙박물관〉은 대한민국을 대표하는 박물관이다. 국립중앙박물관은 2009년을 〈한국박물관 100주년의 해〉로 선포하고 대대적인 기념행사와 함께 〈100주년 기념 특별전〉을 가진 바 있다. 이는 1907년 순종이 창경궁에 황실을 위해 세운 〈제실박물관帝室博物館〉이 1909년 일반에게 처음 공개되었으므로, 바로 그 시점을 우리나라 최초의 근대적 성격을 지닌 박물관이 등장한 것으로 간주한 것이다.

그러나 제실박물관의 역사는 순탄한 길을 걷지 못하고 1910년 일제의 식민통치가 본격화되면서 여러 굴곡을 겪었다. 즉 일제는 1911년 제실박물관의 명칭을 황실이 아닌 식민지의 왕가임을 강조하기 위해 〈이왕가박물관李王家博物館〉으로 변경하였으며, 1915년에는 조선총독부가 별도로 〈조선총독부박물관朝鮮總督府博物館〉을 건립하여 이왕가박물관의 위상에 또 한 차례 변화를 가져왔고, 1938년에 이르면 이왕가박물관이 덕수궁 석조전 옆에 건물을 신축하여 이전하면서 〈이왕가미술관李王家美術館〉으로 개명되고, 광복 이후인 1946년에는 〈덕수궁 미술관〉으로 개편되었다가, 1948년 정부 수립 이후 조선총독부박물관과 함께 〈국립박물관〉으로 통합되었다.

해방 후 〈국립박물관〉의 시작 역시 어려움이 많았다. 경복궁 안에 있던 조선총독부박물관이 국립박물관으로 바뀌었으나, 곧이어 6.25가 발발하여 부산으로 일부 소장품을 옮겨 명맥을 유지했으며, 1953년 서울로의 복귀는 경복궁의 관리상의 문제 때문에 남산에 있던 구舊 민족박물관에 잠시 머무는 처지에 놓이게 되었다. 그 후 1955년에야 덕수궁 석조전으로 이전하여 좁은 공간에서 17년을 지냈다. 국립박물관이 경복궁 내에 오로지 박물관을 목적으로 신축된 건물에 비로소

자리를 잡은 것은 1972년에 이르러서였다. 이때 박물관의 명칭도 명목 상으로나마 그 위상을 높이려고 했는지 〈국립중앙박물관〉으로 바꿨 다. 그 후 1986년에는 국립민속박물관이 독립하게 되자 국립중앙박물 관은 '중앙청'으로 불리던 구조선총독부 건물을 박물관 용도에 맞게 보수하여 자리를 옮겼으나, 김영삼 정부가 역사 청산의 하나로 구조선 총독부 건물의 철거를 결정하자 현재의 국립고궁박물관 자리로 옮겨 또다시 새로운 장소로의 이전이 준비되었다.

국립중앙박물관의 역사는 이렇게 안타까운 발자취로 점철되어 있 어 그 과정을 알게 되면 착잡한 마음을 금할 수 없게 만든다. 왜냐하면, 우리가 아는 수많은 나라에서 박물관의 역사는 대체로 국가의 배려와 시민사회의 관심 속에서 성장해온 모습이었기 때문이다. 여하튼 이렇 게 60년의 기간에, 세계적으로 그 사례가 드물게, 무려 일곱 차례에 걸쳐 유랑하는 과정을 거쳐, 2005년 10월, 드디어 현재 우리가 만나는 용산의 〈국립중앙박물관〉의 시대가 열리게 되었다. 이러한 열매를 맺는 과정에서 박물관을 사랑하는 많은 분들의 노고가 있었음을 생각 하며 감사를 표한다.

2005년 문을 연 용산의 국립중앙박물관은 지하 1층 지상 6층으로 개관 당시 당국의 발표에 따르면 세계 6위로 큰 규모, 아시아 최대 규모의 박물관이었고, 새롭게 준비된 현대적 박물관인 만큼 방문객의 숫자도 놀라운 속도로 증가했다. 그래서 개관한 지 5년이 지나 〈국립 중앙박물관〉은 영국에서 출간되는 문화예술 및 박물관 분야 잡지인 '아트뉴스페이퍼The Art Newspaper'의 발표를 인용하며 2010년 한 해 동안 총 3,067,909명의 관람객을 유치함으로써 2010년도 세계 박물관 관람 객 수 조사에서 세계 9위, 그리고 아시아 1위에 올랐음을 널리 알렸다.

이러한 발전은 물론 우리가 모두 기뻐해야 할 일이다. 그런데 박물관이 담아내는 문화적 다양성과 독창성, 그리고 창의적 활동을 생각하면 박물관에 어떤 형태로든 서열과 순위를 매기는 것은 바람직하지 않다는 견해가 존재한다. 그리고 외형적 규모나 방문객 숫자에 대한 과시와 집착은 다양성을 존중하는 개방적이고 민주적인 사회보다는 국가주의가 발호하는 사회 또는 전체주의적 사회에서 특히 강조되는 경향이 있는 것도 사실이다. 동시에 세계 몇 위라는 순위는 꾸준히 바뀌는 것이어서 큰 의미를 갖는 것도 아니다.

예컨대 아시아에서 가장 큰 규모의 박물관이라는 지위는 대국굴기大國崛起를 내세운 중국이 2011년 〈중국국가박물관中国国家博物館〉을 의도적으로 크게 확장함으로써 1위의 자리를 가져갔고, 관람객의 숫자 역시 부동의 상위권 자리를 지키는 몇 개의 유명박물관을 제외하면 그 순위 역시 변동이 심하다. 2018년 미국 에이컴AECOM사와 세계테마엔터테인먼트협회TEA가 공동 발표한 '2018년 글로벌 관광지 입장객 보고서Global Attractions Attendance Report'를 보면 인구 14억을 자랑하는 중국의 국가박물관이 루브르박물관에 이어 2위로 올라 급격한 성장을 보였지만, 한국의 〈국립중앙박물관〉은 2018년 전 세계 박물관 방문자 순위 20에 포함되지 못했다. 그렇다고 이러한 외형적인 요소에 근거한 박물관의 서열이 개별 박물관이 갖는 내재적 가치를 반영해주는 지표가 될 수는 없다. 여기서 분명히 밝혀두어야 할 사항은 궁극적으로 우리에게 중요한 것은 개별 박물관이 간직한 질적인 내용이 그 평가와 존재가치를 판단하는 근거가 되어야 한다는 사실이다.

〈국립중앙박물관〉 건물은, 일부 비평가들이 한국적 정체성을 담아내지 못한 건축물이라고 불만을 표하기도 했지만, 기능적으로 매우 홀륭하다는 평가를 받는 것 같다. 다만 국립중앙박물관을 방문할 때면 입구에서 박물관 건물까지 너무 오래 걸어가야 하는데도 그 넓은 공간이 그저 낭비되고 있어 아쉬움이 남는다는 생각이다. 또한, 본 건물 한쪽에 마련된 야외전시장에는 염거화상 탑(국보 104호)을 비롯하여 고려 진공대사탑과 석관(보물 365호), 고려 석탑 남계원(국보 100호), 조선 시대의 대표적인 종인 보신각종(보물 2호) 등이 그저 놓여있다는 인상을 받는다. 그러나 방문객이 일단 박물관 건물에 들어서면 우선 밝고 연한 노랑빛의 대리석 바닥이 따스한 분위기를 연출하고, 전시실을 연결하는 긴 복도인 건물 중앙의 '역사의 길'은 자연 채광을 듬뿍 받아 최상의 전시환경을 제공한다. 전시실은 선사·고대관, 중·근세관, 서화관, 조각·공예관, 기증관, 세계문화관 등 총 6개의 관과 세부적으로는 50개의 실로 구성되어 있는데, 특히 한국 역사의 흐름을 전체적으로 조망할 수 있는 선사.고대관 과 중.근세관은 역사교육의 장으로서 만족도가 높다. 다만 세계문화관과 기증관의 전시는 주제의 모호성에 대한 지적이 존재하고, 내용의 충실성이라는 측면에서 다소 부족하다는 견해가 많다.

또 하나, 많이 지적되는 사항은 전시 대부분이 획일화된 벽부형 진열창 중심으로 이루어져 관람의 지루함을 초래한다는 문제점이다. 이는 유물의 특성이나 중요도에 따른 다양한 방식의 전시 형태의 도입을 말하려는 것이다. 하나의 사례로 1960년에서 2019년 사이에 한국을 대표하는 유물로 선정되어 해외에 전시하러 다녀온 1.2.3위의 유물이 국립중앙박물관에서는 어떻게 전시되고 있는지를 살펴봄이 유익할 것이다.

가장 많이 해외전시하러 다녀온 유물은 22차례를 기록한 '부여 외리 문양전'(보물 제343호)이고, 2위는 8회를 기록한 '도기 기마 인물형 명기'(국보 제91호), 그리고 3위는 7차례 해외를 드나든 '금동미륵보살 반가사유상'(국보 제83호)이다. 이렇게 중요한 세 개의 유물 중 별도의 공간을 마련하여 핵심적 전시로서 이목을 집중시킨 유물은 '반가사유상' 하나에 불과하고, '기마 인물형 명기'는 수십 개의 진열 상자에 담긴 다른 유물들 사이에 놓여있어 관람객의 시선을 끌어내지 못하고 지나치는 경우가 많은 상태이며, '문양전'의 경우는 벽부형 진열창에 평범하게 넣어두었기에 일반 관람객이 유물이 갖는 미학적 가치를 파악하는 것을 어렵게 해 놓았다.

　해외에 가장 많이 다녀온 '부여 외리 문양전'에 대해 원로 미술사학자 안휘준 교수는 "부여 외리 문양전 중 하나인 산수문전은 순수미술을 단순화·도식화한 디자인의 모습"이라면서 "이는 백제인의 빼어난 디자인 감각을 보여주는 작품으로 7세기 당시 세계에서 가장 발달한 산수화 자료"라고 높이 평가했다. 그렇다면 이렇게 미술사적으로 세계적인 평가를 받을 수 있는 유물은 보완적인 스토리텔링과 공간적 연출 등을 포함한 보다 색다른 전시기법을 적용함이 바람직하지 않았을까? 이러한 우려를 표현하는 이유는 다름이 아니다. 즉 그것은, 대한민국을 대표하는 우리의 국립박물관이 현재에 만족하여 그 자리에 머물지 않고 끊임없는 자기 계발과 연구를 통하여 박물관을 찾는 사람들의 상상력과 창의적인 활동을 끌어내는데 게으름이 없어야 한다는 희망을 품기 때문이다.

국립중앙박물관 전경
야외 전시장

중앙 홀 겸 통로
'역사의 길'이라 명명된 중앙 통로

선사시대관

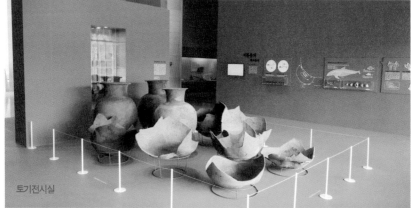

토기전시실

삼국시대관

어느 인류학자의 박물관 이야기

미디어를 활용한 전시
A Blacksmith's Workshop

휴게공간이 곳곳에 마련되어 있다.

도자기 실

343

신라금관
도기 가마 인물형 명기(국보 제 91호)
부여 외리 문양전 중 하나인 '산수문전'
추억의 대학시절 고고학 실습 때의 사진 맨 오른쪽 동창생이 후일 국립중앙박물관장이 되었다. 나는 고고학
대신 인류학의 길을 갔다.

문양전의 평면적 전시
첨단 영상실
세계문화관의 이집트 전시실
반가사유상(국보 제83호)

책을 마치며

박물관 탐방을 위해 떠났던 긴 여정을 서울의 중앙박물관에서 멈췄다. 집으로 돌아온 셈이다. 이번 글에서 아쉬운 부분은 그동안 다녀본 모든 박물관 이야기를 다 하질 못했다는 점이다. 또한, 대체로 규모가 크고 잘 알려진 박물관을 중심으로 집필하다 보니 평범한 사람들이 정성을 다해 만든 작은 박물관들의 이야기가 포함되질 못했다. 눈에 띄지 않게 숨어 있는 듯한 작은 박물관들은 국가나 거대 재단이 설립한 대규모 박물관에서는 맛볼 수 없는 은은한 삶의 향기가 스며있어 좋다. 그래서 작은 박물관은 또 다른 측면에서의 배움을 선물한다. 그런 점에서 박물관 이야기에 작은 박물관이 빠졌다는 것은 마치 큰 퍼즐에서 빈칸 하나가 덩그러니 남아있는 꼴이다. 이런 이유로 책의 마무리를, 마치 퍼즐의 빈칸 하나를 마지막으로 메꾸는 기분으로, 작은 박물관 이야기로 대신하자는 생각을 했다. 이 글을 쓰면서 생각나는 작은 박물관이 South Lake Tahoe에 있는 역사박물관History Museum이다.

2007년 늦은 여름, 험준하지만 아름다운 미 서부 시에라 네바다산맥 북쪽 끝자락 타호Tahoe호숫가의 작은 마을 South Lake Tahoe를 지나게 되었다. 마을 입구 도로표시 중 커다란 〈역사박물관〉 안내판이 유난히도 내 눈에 띄었고, 조금 더 지나니 박물관이 보였다. 자그마한 건물의 입구에는 다음과 같은 안내 문구가 쓰여있었다. '개관 시간은 목. 금. 토 오전 11시부터 오후 3시. 1월 2월 겨울은 문을 열지 않습니다. 개인이나 단체 투어를 원하시면 다음 번호로 전화해 주세요. 자원봉사가 도울 수 있습니다. 박물관에는 화장실이 없습니다. 대신 인근의 노인센터를 이용하면 됩니다.' 시계를 보니 오후 3시가 지났다. 발길을 돌리려다가 문의 손잡이를 돌리자 문이 열렸다. 내친김에 들어가 보았다. 작은 전시실 한구석의 회의실 같은 공간에 두 사람이 보였다. 중년의 자원봉사자 여성들이었다. 그들에게 다가가 한국에서 왔는데 호기심에 들렀다고 말하니 정색을 하며 반긴다. 마침 자신들이 있어 다행이라며 기꺼이 안내해주었다. 150평이 안 돼 보이는 전시실에는 이 지역에 살던 와쇼Washoe인디언 유물, 초기의 백인 탐험가와 사냥꾼 자료, 개척자 농장 유물과 자료, 벌목산업 관련 유물, 눈이 많이 오는 지역이라서 스키를 타며 우편물을 배달했던 특수한 여건을 보여주는 역사자료 및 유물, 송어낚시 관련 유물 등, 지역의 일상 생활문화에 관한 역사자료들이 가득했다. 이렇게 평범한 일상의 유물로 채워진 박물관에서 나에게 깊은 인상을 심어준 것은 그들이 운영하는 프로그램들이었다. 매달 열리는 '난롯가 담소Fireside Chat'라는, 이 지역 향토사 관련 연구자나 이야기꾼을 초청하여 토론하는, 모임이 있고, 그 외에 '도서관의 친구들Friends of the Library'이라는 프로그램은 지역 관련 책을 펴낸 저술가 초청 강의이며, 한 해에 한 번 마을의 극장에서 지역 관련 소재로 주민이 참여해서 연극공연을 한다고 했다. 도서를 판매하는 진열대에는 놀랍게도 의외로 많은 지역 관련 서적들이 꽂혀 있었다. 그만큼 자신들의 역사를 꾸준히 기록하고 알리는 작업을 지속해왔다는 증거였다. 그리고 전시실 한편의 테이블 위에 자그마한 모금 항아리가 눈에 띄었는데, 그 옆에는 따뜻한 물 보온병과 티백tea bag을 넣어둔 찻잔들, 그리고 집에서 구어 낸 맛 나 보이는 쿠키 바구니가 함께 놓여 있었다. 관람객이 작은 액수라도 기부를 하면 그를 그냥 받을 수 없어 따스한 차와 쿠키라도 대접해야겠다는 감사의 표식表式이리라! 왠지 그때 보았던 찻잔과 쿠키의 영상은 내 마음을 훈훈하게 만든 기억이 되어 아직도 선명하게 뇌리에 남아있다. 이 작은 박물관은 1968년 주민 자원봉사자 몇 명이 향토사연구회Lake Tahoe Historical Society를 결성하고, 오래된 통나무집을 확보해 역사박물관으로 출범시켰다 한다. 물론 모든 것을 주민 자신들의 자발적 참여에 의존하는 체제라서, 후원 회원을 모집하고 자원봉사자들이 돌아가며 박물관을 운영하는 일이 쉽지는 않아 보였다. 일견 초라해 보이는 건물과 전시유물이 그런 생각을 불러들였다. 그러나 그 안에서 감지되는 에너지는 자원봉사자들의 열정과 자긍심으로 충만했기에 이 작은 시골의 역사박물관은 내 기억에 오래 남아 영향을 끼친 박물관이 되었다. 잠깐 스쳐 지나온 박물관이었지만, 그 뒤 한가한 시간이면 가끔 나도 모르게 타호 지역Lake Tahoe area의 역사를 뒤적이며 재미있는 이야기에 빠져드는 경험을 했다. 와쇼 Washoe 인디언이 감내한 인고의 세월, 초기 백인 개척자들의 힘든 삶, 지역사회가 변화하는 과정에서 겪은 흥미로운 사건들이 나의 문화 비교를 위한 자료에 포함된 것은 전적으로 이 작은 박물관 덕분이었다. 그래서 가끔 그런 생각을 한다. 아프리카나 남미의 작은 박물관들은 어떤 모습을 하고 있을까? 언젠가 기회가 되면 한 번 가보고 싶은 곳들이다.

　　박물관 이야기를 탈고했지만, 나의 박물관 산책은 앞으로도 계속될 것이다. 왜냐하면, 좋아하는 일은 그만둘 수 있는 일이 아니기 때문에. 그런 점에서 나의 박물관 이야기는 여전히 현재 진행형이다!

문화와
역사를
담 다
0 3 0

어느 인류학자의
박물관 이야기

초판1쇄 발행 2021년 8월 20일
초판2쇄 발행 2023년 1월 20일

지은이 최 협
펴낸이 홍종화

편집 · 디자인 오경희 · 조정화 · 오성현 · 신나래
　　　　　　　박선주 · 이효진 · 정성희
관리 박정대

펴낸곳 민속원
창업 홍기원
출판등록 제1990-000045호
주소 서울 마포구 토정로25길 41(대흥동 337-25)
전화 02) 804-3320, 805-3320, 806-3320(代)
팩스 02) 802-3346
이메일 minsok1@chollian.net, minsokwon@naver.com
홈페이지 www.minsokwon.com

ISBN 978-89-285-1633-9
S E T 978-89-285-1054-2 04380